Am 7. Januar 1989 erklärte Bhagwan Shree Rajneesh, daß er sich von nun an nicht mehr BHAGWAN SHREE nennen wird, da dieser Name für viele 'Gott' bedeute.

Am 27. Februar 1989 beschlossen seine Sannyasins, ihn **OSHO RAJNEESH** zu nennen.

Das Wort '**OSHO**' kommt aus dem Alt-Japanischen und wurde als Anrede erstmalig von Eka für seinen Meister Bodhidharma benutzt.

'**O**' bedeutet 'mit großer Achtung, Liebe und Dankbarkeit', aber auch 'Einklang' und 'Harmonie'.

'**SHO**' bedeutet 'multidimensionale Ausdehnung des Bewußtseins' und 'allseits von der Existenz gesegnet'.

Ma Prem Hasya
Präsidentin der Rajneesh Foundation International

RAJNEESH
Verlag · Köln

Bhagwan Shree Rajneesh

Die größte Herausforderung:
DIE GOLDENE ZUKUNFT

Ein Manifest

Titel der Originalausgabe:
The Greatest Challenge:
The Golden Future
The Rebel Publishing House GmbH, 1988

Kompiliert von Dr.phil. Inga Lindengren (M.S.)
Jack Allan M.A.(Econ), Anne Welden, B.A.
Das Aquarell auf der Rückseite von Kasue Hashimoto, B.F.A.
(Masashino Kunstakademie, Tokio)
Copyright © Neo-Sannyas International
Deutsche Erstausgabe 1988
Übersetzung: Joachim Spohr
Fotosatz: Karin Hartung
Rajneesh Verlag Köln
Alle Rechte vorbehalten
Printed in West Germany
ISBN 3-925205-31-4

Inhalt

Einführung

Teil I: Reißt das Problem mit der Wurzel aus!
No Future? 10
Mit der Vergangenheit brechen 12
Die Wirklichkeit heißt wechselseitige Abhängigkeit 14
Nationen sind überholt 19
Eine Weltregierung 22
Eine Religiosität – eine Welt von Individuen 25
Priester und Politiker – das tödliche Komplott 29
Der Schaden läßt sich beheben! 33

Teil II: Meine Vision von einer neuen Menschheit
Meritokratie – Macht in den Händen der Intelligenz 36
Die Menschen auf Macht vorbereiten 42
Die Alternative: Meditation oder Tod 48
Wissenschaft im Dienste der Kreativität 50
Geburtenkontrolle und Gentechnik 58
Das Recht zu sterben 67
Familien sind überholt 70
Eine Welt aus Kommunen 75
Eine neue Erziehung für den neuen Menschen 79
Liebe und Verständnis werden das Gesetz sein 85
Macht die Menschheit glücklicher 91

Teil III: Die Weltakademie für Kreative Wissenschaft, Kunst & Bewußtsein
Die größte Synthese 96
Der Körper ist die Tür 103
Die goldene Zukunft 107

Quellenliste
Biographische Notiz
Bibliographie

EINFÜHRUNG

Dieses kleine Buch richtet sich ohne Umschweife an die intelligenten Menschen dieses bedrohten Planeten. Es ist die Vision eines Mannes, der noch einen Weg sieht für die Menschheit. Es ist die Diagnose eines Mannes, der die psychologischen wie sozialen Krankheiten durchschaut, die den Menschen innen wie außen in lauter kämpfende Parteien spalten. In dieser Auswahl aus seinen Vorträgen umreißt er die nötigsten Schritte für eine noch mögliche, wenn nicht gar goldene Zukunft – nach der wir, das sieht er, nur die Hand auszustrecken brauchen.

Dieser Mann ist Bhagwan Shree Rajneesh – intellektueller Gigant, Mystiker, erleuchteter Wegweiser für Millionen ganz normaler Menschen rund um den Globus; ein Mann auch, der in Grund und Boden verdammt wird von Priestern, von Politikern, von all denen, die sich an ihre Machtinteressen klammern, um mit Händen und Füßen zu verhindern, daß sich die Welt von dem Wahnsinn der Vergangenheit freimacht und eben diese goldene Zukunft herbeiführt.

Daß unser bloßes Überleben heute eine offene Frage ist, daran zweifelt niemand mehr – und trotzdem ändert sich nichts. Daß wir die bloße Existenz unserer Erde aufs Spiel setzen mit unsern albernen, unreifen Konflikten, das hat jeder begriffen – und trotzdem ändert sich nichts. Daß sofort gehandelt werden muß, wird von allen Experten bestätigt – und trotzdem ändert sich nichts.

Die Uhr tickt leise weiter...

Überall auf der Welt sitzen wohl intelligente Leute – Wissenschaftler, Künstler, Dichter, Studenten, Geschäftsleute, Ärzte, Juristen, junge Menschen, alte Menschen, Berühmte, Unberühmte – an ihren Fenstern und starren hinaus auf die Vögel in den Bäumen, die ihre Sache so intelligent machen, und fragen sich: warum nicht die Menschen?

Was zum Teufel läuft schief?

Mütter betrachten wehmütig ihre Kinder und fragen sich bang, was die Zukunft diesen Kleinen bringen mag. Und aus dem Hintergrund hämmern die Nachrichten tagein, tagaus, in allen Sprachen der Erde: Krieg, Hungersnot, AIDS, chemische Waffen, Ozonlöcher, Atomverseuchung, Temperaturanstieg, Überbevölkerung, Verlust der Regenwälder, ausgestorbene Spezies, Ausbreitung der Wüsten, Drogen, Gewalt.

Tragisch aber wahr: wenn nicht diese intelligenten Menschen diesem Prozeß noch Einhalt gebieten können, wer soll es dann ihrer Meinung nach tun? Die Leute, die heute an der Macht sind? Ausgerechnet die, die ihren Profit aus dieser Wahnsinnswelt schlagen? Wollen wir es wirklich denen überlassen, die uns in diesen Schlammassel hineingeritten haben?

Es ist eine Frage von jetzt oder nie. Es ist Zeit, daß überall die Intelligenz den Mund aufmacht gegen diese Dummheit.

In diesem Buch tut Bhagwan Shree Rajneesh mit der Gründung der Weltakademie für kreative Wissenschaft, Kunst und Bewußtsein einen ersten Schritt genau in diese Richtung.

Dies ist das wohl radikalste Dokument, daß Sie, lieber Leser, je in Händen gehalten haben – wir leben in radikalen Zeiten, und sie erfordern radikale Lösungen. Es geht nicht darum, ob Sie Bhagwan beipflichten, sondern darum, den Mut aufzubringen, seinen Standpunkt öffentlich zu diskutieren.

Sind seine Antworten offensichtlich falsch, werden sie leicht zu widerlegen sein; sind sie jedoch richtig, dann muß die Intelligenz der Welt den Mut aufbringen, dies auch offen zu sagen. So zu tun, als hätten Sie nicht gehört, ist einfach als Antwort nicht gut genug.

Auf unserer Suche nach einem Ausweg dürfen wir keinen Stein ungewendet lassen. Wir müssen jede Perspektive genau prüfen – offen, ehrlich, ohne Vorurteile, ohne Aberglauben, wissenschaftlich.

Bhagwans Vision ist eine Option, die Sie nirgendwo sonst finden werden. Sollte es sich zeigen, daß wir tatsächlich diesen Planeten verspielen, ohne ernsthaft jeden Weg geprüft zu haben, der sich uns bietet, dann wird der Name Homo Sapiens die größte Hochstapelei im ganzen All gewesen sein.

George Meredith, M.D., M.B., B.S.
Mitglied des Königlichen Ärztekollegs von Großbritannien
Köln, am 23. März 1988

Alle hier abgedruckten Wörter sind gesprochene Worte,
spontan an eine anwesende Zuhörerschaft gerichtet.

**Teil I
Reißt das Problem
mit der Wurzel aus!**

NO FUTURE?

ES IST DURCHAUS MÖGLICH, daß es keine Zukunft mehr geben wird, was das Leben betrifft. Wir kommen dem Ende der Sackgasse immer näher. Es ist traurig, sich diese Tatsache einzugestehen, aber es ist gut, sie sich einzugestehen; denn so besteht die Möglichkeit, noch die Richtung zu ändern. So, wie sich die Dinge heute entwickeln, ist die logische Schlußfolgerung ein globaler Selbstmord.

Und das Alarmierendste ist, daß die Intelligenz der Welt, die Wissenschaftler der Welt, die Philosophen der Welt all die Tatsachen ignorieren.

Jedes intelligente Wesen sollte innerlich den Entschluß fassen: wir wollen keiner Macht erlauben, diese Erde zu vernichten. Den Menschen zu retten heißt, die größte Schöpfung des Universums zu retten. Diese Erde hat vier Millionen Jahre gebraucht, um den Menschen hervorzubringen – ein solches Kleinod. Und die Zukunft ist noch viel wertvoller. Wenn überhaupt etwas für die Zukunft geschehen soll, dann ist jetzt die Zeit dafür gekommen. Andernfalls wird die größte Bewußtseinsevolution im Universum verschwinden. Das wäre nicht nur ein Verlust für die Erde, sondern für das ganze Universum.

In diesen Jahrmillionen haben wir es vermocht, ein klein wenig Bewußtsein möglich zu machen, aber wir haben nicht genug Zeit, um abzuwarten, daß sich die Natur auf ihre langsame Art und Weise weiterentwickelt. Der Natur steht die Ewigkeit zur Verfügung – uns nicht. Wir haben nur zwölf Jahre in der Hand: bis zum Ende des 20. Jahrhunderts.

Zum Beispiel hat die Weltkommission für Umwelt und Entwicklung in ihrem Report „Unsere gemeinsame Zukunft" eine „nachhaltige Anstrengung" gefordert, um die Erde zu retten. Definiert hat sie dies so: „Den Grundbedürfnissen der Gegenwart nachkommen, ohne die Rohstoffe der Zukunft zu verbrauchen." Der Report fordert ebenfalls: wenn überhaupt etwas geschehen soll, dann muß es *jetzt* geschehen, sonst gibt es keine Zukunft. Diese Schlußfolgerung stimmt, aber der Report ist schlau; schlau insofern, als er nichts davon erwähnt, *wer* die heutigen Probleme geschaffen hat.

Wir müssen einen Quantensprung machen und die neue Generation lehren, nicht so weiterzuleben, wie wir bisher gelebt haben. Nur so läßt sich die Zukunft verändern.

Wenn wir die Probleme der Zukunft lösen und *auf*lösen wollen, dann müssen wir ihre Wurzeln in der Vergangenheit suchen; und zwar ist unsere *gesamte* Vergangenheit in all ihren Dimensionen für die gefährliche Situation heute verantwortlich. Aber niemand redet davon, denn noch keine Generation hat sich vor uns je um die Zukunft gekümmert. Seit Jahrtausenden hat der Mensch immer so gelebt, wie er wollte, und hat die folgende Generation einfach gezwungen, so zu leben wie er. Das ist heute nicht länger möglich.

Wir müssen einen Quantensprung machen und die neue Generation lehren, nicht so weiterzuleben, wie wir bisher gelebt haben. Nur so läßt sich die Zukunft verändern.

MIT DER VERGANGENHEIT BRECHEN

DIE GRUNDPROBLEME, mit denen sich der schon genannte Bericht, „Unsere gemeinsame Zukunft" beschäftigt – Nahrungssicherung, Überbevölkerung und Rohstoffe, Artenerhaltung und Ökosysteme, Industrie, Verschmutzung und Verstädterung – stellen allesamt nur einen Bruchteil des Gesamtproblems dar. Der Bericht geht an dem eigentlichen Problem vorbei. Er sagt, daß alle Nationen zusammenarbeiten müssen, aber er läßt dabei die Wurzeln außer acht: Wer teilt denn die Erde?

Er sagt, daß Ökonomie und Ökologie zusammenhängen; aber was ist mit den eingefleischten Machtinteressen der Vergangenheit, der Religion und Politik – die die *Ursache* sind für die Teilung in Nationen?

Wenn der Bericht sagt, daß wir jetzt etwas tun müssen, um die Zukunft zu retten, impliziert er damit, daß die gegenwärtige Situation von der Vergangenheit geschaffen wurde. Aber wir kleben noch immer an der Vergangenheit, in jeder Hinsicht.

Wenn *wir* die Zukunft auf dem Gewissen haben, wer hat *uns* dann auf dem Gewissen?

Wir sind Produkt der Vergangenheit, und wir leben im Elend.

Wir haben diese Probleme nicht geschaffen, sie wurden von der vergangenen Menschheit geschaffen. Wenn wir wirklich Lösungen für die Zukunft finden wollen, müssen wir die Wurzeln dieser Probleme in der Vergangenheit aufdecken.

Indem wir die Blätter der Bäume beschneiden, ändert sich nichts. Ihr werdet das Messer bei den Wurzeln ansetzen müssen. Und sobald ihr bei den Wurzeln ansetzt, kommt ihr in Schwierigkeiten. Denn in den Wurzeln sitzen die Politiker, in den Wurzeln sitzen die organisierten Religionen, in den Wurzeln sitzen alle Nationen – und die Grundeinheit der Gesellschaft ist die Ehe, und auf die gehen alle unsere Probleme im Grunde zurück.

Wenn wir die Ehe auflösen können, löst sich die Gesellschaft auf, und als Nebeneffekt verschwinden die Staaten, die Rassen, die Priester und Politiker. Gerade darum beharren sie alle so auf der Ehe – weil sie wissen,

Und sobald ihr bei den Wurzeln ansetzt, kommt ihr in Schwierigkeiten. Denn in den Wurzeln sitzen die Politiker, in den Wurzeln sitzen die organisierten Religionen, in den Wurzeln sitzen alle Nationen.

---

daß hier die Wurzel ist, und daß sie gebraucht wird, um den Menschen unglücklich und versklavt zu halten.

Um eine andere Zukunft zu bekommen als die, die sowieso kommen wird, werden wir uns von der Vergangenheit abschneiden müssen.

Es scheint, der Mensch ist nur für Dinge da wie Demokratie, Sozialismus, Faschismus, Kommunismus, Hinduismus, Christentum, Buddhismus, Islam! Die Wirklichkeit sollte so sein, daß alles für den Menschen da ist – oder gar nicht erst da sein sollte, wenn es gegen den Menschen ist. Die ganze Menschheitsvergangenheit wimmelt von dummen Ideologien, und für die haben die Menschen Kreuzzüge geführt, getötet, gemordet, Menschen bei lebendigem Leibe verbrannt. Wir müssen all diesen Wahnsinn fallen lassen.

Wir können auf dieser Welt überhaupt nichts verändern, außer wir reißen diese Wurzeln radikal aus.

Die Menschheit hat heute nichts nötiger, als darüber aufgeklärt zu werden, daß sie von ihrer Vergangenheit betrogen wurde, daß es keinen Zweck hat, die Vergangenheit fortzusetzen, daß es Selbstmord wäre – und daß eine neue Menschheit absolut und dringend notwendig ist.

DIE WIRKLICHKEIT HEISST WECHSELSEITIGE ABHÄNGIGKEIT

DIE GESAMTE ÖKOLOGIE rund um die Erde wird heute zerstört. Aber das Leben existiert nicht als getrennte Inseln. Kein einziger Mensch ist eine Insel. Alles ist verwoben.
Diese beiden Wörter kennt ihr: Abhängigkeit und Unabhängigkeit. Beide sind unwirklich. Die Wirklichkeit heißt: wechselseitige Abhängigkeit. Wir sind alle völlig abhängig voneinander – nicht nur der Mensch von anderen Menschen, nicht nur der eine Staat von anderen Staaten, sondern Bäume und Mensch, Tiere und Bäume, Vögel und Sonne, Mond und Meere – alles ist miteinander verwoben. Und die Vergangenheit hat nie bedacht, daß es ein einziger Kosmos ist. Sie haben immer alles getrennt gesehen. Es war den Menschen in der Vergangenheit unmöglich, sich vorzustellen, daß Mensch und Bäume verbunden sind, daß sie aufeinander angewiesen sind.
Ihr könnt nicht ohne Bäume leben, noch können Bäume ohne euch leben. Aber es ist zu spät – hundertjährige Bäume, zweihundertjährige Bäume, ja sogar tausendjährige Bäume habt ihr zerstört und abgeholzt, nur um noch mehr Papier für lauter idiotische Zeitungen zu gewinnen, ohne je zu bedenken, was ihr da eigentlich macht. Ihr werdet sie nicht ersetzen können.
Nepal, eines der ärmsten Länder der Welt, besitzt nichts als den ewigen Himalaja und tiefe Wälder, uralt und ewig. Also hat es seine Wälder an verschiedene Länder verkauft. Das ist die einzige Ware, die es verkaufen kann. In den letzten dreißig Jahren ist die Hälfte der Bäume Nepals verschwunden, und die Sowjetunion hat die Rechte an einem großen Teil der Restbestände für die nächsten dreißig Jahre erworben. Und sie fällen die Bäume nicht auf die alte Art, mit der Axt, sondern mit ganz modernen Techniken, sodaß an einem einzigen Tag Hunderte von Bäumen ganz einfach verschwinden – kilometerweise wird das Land zur Wüste.
Diese Bäume hatten die Flüsse des Himalajas daran gehindert, mit allzu großer Kraft abwärts zu fließen; sie verlangsamten den Strom des Wassers. Wenn die Wasserläufe dann Bangladesh erreichen, wo sie ins Meer

Die Regenwälder der Welt verschwinden in einem Tempo von achtzehn bis zwanzig Millionen Hektar im Jahr – ein Gebiet so groß wie halb Kalifornien.... diese Wälder atmen das Kohlendioxyd ein, das ihr ausatmet.

münden, entsprach die Wassermenge genau der Menge, die das Meer aufnehmen konnte. Aber jetzt sind diese Bäume verschwunden – die Flüsse kommen mit solcher Gewalt daher, und mit soviel Wasser, daß das Meer es gar nicht so schnell aufnehmen kann.

Und jedes Jahr erleidet Bangladesh große Überschwemmungen, seltsame Überschwemmungen – die Flüsse fließen rückwärts, weil der Ozean das Wasser nicht aufnehmen will. Sie zerstören alle Ernten Bangladeshs. Bangladesh ist arm, und diese Überschwemmungen töten Tausende von Menschen, Tausende von Tieren, zerstören Tausende von Häusern. Und jetzt kann Bangladesh nichts dagegen machen. Es liegt nicht in seiner Macht, Nepal zu sagen: „Bitte fällt die Bäume nicht."

Erstens ist, selbst wenn Nepal aufhören sollte, die Bäume zu fällen, der Schaden bereits angerichtet. Und zweitens kann Nepal gar nicht aufhören, diese Bäume zu fällen. Es hat sie sogar schon auf weitere dreißig Jahre hinaus verkauft; es hat das Geld schon genommen, um zu überleben.

In vielen Weltgegenden ist die Situation ähnlich.

Die Regenwälder der Welt verschwinden in einem Tempo von achtzehn bis zwanzig Millionen Hektar im Jahr – ein Gebiet so groß wie halb Kalifornien, und Kalifornien ist einer der größten Staaten Amerikas. In den nächsten zwanzig bis dreißig Jahren werden alle tropischen Wälder verschwunden sein. Und die Konsequenzen sind ungeheuer, denn diese Wälder versorgen euch mit Sauerstoff und Leben. Wenn diese Wälder weiter in dem Tempo verschwinden, wie sie jetzt verschwinden, wird die Menschheit nicht mehr wissen, wo sie ihren Sauerstoff hernehmen soll. Woher nehmen? Und auf der anderen Seite atmen diese Wälder das Kohlendioxyd ein, das ihr ausatmet. Wenn diese Wälder nicht mehr da sind... Schon jetzt hat sich eine sehr dicke Schicht Kohlendioxyd in der Atmosphäre gebildet, daß überall auf der Erde die Folgen zu spüren sind. Und wegen dieses Kohlendioxyds steigt die Temperatur. Sie ist bereits vier Grad höher als sie je gewesen ist. Wenn die Temperatur weitersteigt, was durchaus möglich ist... denn niemand will hören. Die Bäume werden

**Diese Erde war noch nie so krank.
Sie war noch nie so anfällig
für neue Krankenheiten.**

gefällt, ohne Sinn und Verstand; für nutzlose Dinge, für niveaulose Zeitungen zerstört ihr Leben. Höchstwahrscheinlich schmilzt jetzt das ewige Eis des Himalajas, was in der ganzen Vergangenheit noch nie vorgekommen ist. Dann werden die Meere sieben Meter ansteigen und alle Küstenstädte unter Wasser setzen, New York zum Beispiel, London, San Francisco, Amsterdam, Bombay und Kalkutta.

In den nächsten paar Jahren ist mit einem Bevölkerungszuwachs von dreißig bis vierzig Prozent zu rechnen, von fünf Milliarden auf sieben Milliarden Menschen weltweit. Allein dieser Bevölkerungszuwachs wird den Wasserbedarf fast der halben Erde verdoppeln, und so viel Trinkwasser haben wir nicht... Von Nahrungsmitteln ganz zu schweigen.

Außerdem geht aus UNO-Untersuchungen hervor, daß jährlich zwanzig Millionen Hektar landwirtschaftliches Anbau- und Weideland weltweit unproduktiv gemacht wird. Mehr als eintausend Pflanzen- und Tierarten sterben jedes Jahr aus – und man rechnet mit einer steigenden Tendenz. Eineinhalb bis zwei Millionen Menschen pro Jahr erleiden akute Pestizid-Vergiftungen, und die Ziffer der Pestizid-Toten wird auf zehntausend pro Jahr geschätzt.

Viele Abgase werden von unseren Fabriken produziert, und dadurch sind wir auf ein merkwürdiges Phänomen gestoßen: diese Abgase steigen auf und verursachen Löcher in der sogenannten Ozonschicht. Ozon ist eine Art Sauerstoff und bedeckt die Erde in ca. dreißig Kilometer Höhe. Dieses Ozon ist absolut notwendig für die Menschheit, für Tiere, für Bäume, weil er die schädlichen Sonnenstrahlen absorbiert und nur lebensfördernde Sonnenstrahlen durchläßt. Jetzt sind große Löcher durch die Abgase entstanden, die unsere Fabriken und Industrien hinterlassen – und durch diese Löcher dringen Todesstrahlen von der Sonne in unsere Atmosphäre ein.

Keine Regierung ist bereit, Wissenschaftler darin zu fördern, mehr Ozon zu erzeugen und die Löcher zu füllen, die wir durch unsere Unbewußtheit aufgerissen haben.

Es scheint, wir haben alles Interesse am Leben verloren, wir haben uns zum Selbstmord entschlossen. Der Mensch war noch nie in einer so selbstmörderischen Stimmung – noch nie, in der gesamten Geschichte nicht.

Diese Erde war noch nie so krank. Sie war noch nie so anfällig für neue Krankheiten. Aber die Machthabenden sind nicht bereit, diesen Fabriken das Handwerk zu legen oder Alternativen zu suchen.

Die laufenden Ausgaben für Krieg erreichen fast eintausend Milliarden Dollar pro Jahr. Eintausend Milliarden Dollar werden für die Kriegsführung ausgegeben, und zwar jedes Jahr – und fünfzehn Millionen Menschen sterben an Unterernährung und Seuchen!

Jede Minute sterben dreißig Kinder aus Mangel an Nahrung und billigen Impfstoffen, und jede Minute werden 1,3 Millionen an öffentlichen Mitteln für das Militärbudget der Welt ausgegeben.

Es scheint, wir haben alles Interesse am Leben verloren, wir haben uns zum Selbstmord entschlossen. Der Mensch war noch nie in einer so selbstmörderischen Stimmung – noch nie, in der gesamten Geschichte nicht.

Zweihundertfünfzig Millionen Kinder haben noch nicht einmal eine Grundschule besucht. Ein einziges Atom-U-Boot entspricht dem jährlichen Bildungshaushalt für einhundertsechzig Millionen Schulkinder in dreiundzwanzig Entwicklungsländern. Ein einziges U-Boot! Und es wimmelt in den Meeren der ganzen Welt nur so von U-Booten, amerikanischen wie russischen, und jedes hat Atomwaffen, die sechsmal so stark sind wie alle Waffen zusammengenommen, die im zweiten Weltkrieg eingesetzt wurden. Sie sind so teuer, daß wir dafür all unsere Kinder mit Ausbildung und Essen, vernünftiger Ernährung versorgen können.

Aber in die Richtung gehen unsere Interessen nicht.

Die Mehrheit der Wissenschaftler ist nur damit beschäftigt, noch mehr Kriegsmaterial herzustellen.

Zehn Millionen Menschen auf der ganzen Erde haben schon AIDS – wofür es keine Heilung gibt. Und diese Zahl ist nicht genau, weil viele Länder noch nicht erklärt haben, wieviele Menschen bei ihnen AIDS haben; sie haben keine Mittel, es festzustellen – z.B. Indien. Islamische Länder müssen zwangsläufig eine große Anzahl von AIDS-Kranken haben, weil es dort seit Jahrtausenden Homosexualität gibt.

Alle Nationen sollten zu einer einzigen Weltregierung verschmelzen.

Überall machen sich sexuelle Perversionen in einem Maße breit, daß Sodom und Gomorrha dagegen altmodisch wirken.

Selbst nach sehr vorsichtigen Schätzungen werden bis Ende dieses Jahrhunderts einhundert Millionen Menschen an AIDS leiden – was eine so unvorstellbar große Anzahl ist, daß die Krankenhäuser sich unmöglich um sie kümmern können.

Auf so multidimensionale Art rückt der Tod heute der Erde immer näher.

Ich sage mit allem Nachdruck: unsere Probleme sind international, aber unsere Lösungen sind national; also ist keine Nation in der Lage, sie zu lösen. Ich sehe darin eine große Herausforderung und eine große Chance. Alle Nationen sollten zu einer einzigen Weltregierung verschmelzen.

NATIONEN SIND ÜBERHOLT

NATIONEN SIND HEUTE ÜBERHOLT – aber sie existieren weiter, und sie sind das größte Problem. Wenn man sich die Welt aus der Vogelperspektive ansieht, hat man das seltsame Gefühl, daß wir schon alles haben – uns fehlt nur *eine* Menschheit.

Als zum Beispiel in Äthiopien die Menschen starben – eintausend Menschen pro Tag – schüttete man in Europa Nahrungsmittel im Wert von Milliarden von Dollar ins Meer.

Jeder, der sich das von außen ansieht, muß denken, die Menschheit ist verrückt. Tausende von Menschen sterben, und ganze Berge von Butter und anderen Nahrungsmitteln werden ins Meer geschüttet. Aber die Sorge der westlichen Welt ist nicht Äthiopien; ihre Sorge ist, wie sie ihre Wirtschaft und ihren Status Quo retten kann. Und um ihre Wirtschaftsstrukturen zu schützen, ist sie bereit, Nahrungsmittel zu vernichten, die Tausenden von Menschen das Leben hätten retten können.

Die Probleme sind weltweit – die Lösungen müssen ebenfalls weltweit sein.

Und was ich sehe, ist absolut klar – daß es irgendwo Dinge gibt, wo sie nicht gebraucht werden, und woanders das nackte Leben von ihnen abhängt. Eine Weltregierung heißt, daß man sich die gesamte Situation dieses Erdballs ansieht und die Dinge dorthin bringt, wo sie gebraucht werden.

Wir sind *eine* Menschheit. Und sobald wir als *eine* Welt denken, gibt es nur noch *eine* Wirtschaft.

Als Amerika das letzte Mal seine Nahrungsmittel versenkte, kostete das bloße Versenken Millionen von Dollar. Das ist nicht der Wert der Produkte, sondern nur die Kosten für den Transport zum Meer und für die Versenkaktion. Und Amerika hat selber dreißig Millionen Menschen, die es sich nicht leisten können, genug zu essen. Es handelt sich also nicht einmal darum, es anderen zu geben, sondern es dem eigenen Volk zu geben.

Aber das Problem wird dadurch kompliziert, daß wenn man dreißig Millionen Menschen umsonst verpflegt, andere dann anfangen werden zu

**Aber wir brauchen eine Vogelperspektive,
um die ganze Welt als eine Einheit zu betrachten.**

---

fragen: „Warum sollten wir für unser Essen bezahlen?" Dann fallen die Preise für alles. Wenn die Preise fallen, werden die Bauern nichts mehr produzieren wollen. Wozu auch? Und so läßt man, aus Angst davor, die Wirtschaft durcheinanderzubringen, dreißig Millionen Menschen auf den Straßen verhungern und schüttet die Überschußproduktion immer weiter ins Meer.

Damit nicht genug – dreißig Millionen Menschen leiden in Amerika an Überernährung. Die Wissenschaft ist durchaus in der Lage, ihnen zu helfen; es ist ganz einfach – vielleicht braucht der Freßsüchtige nur eine kleine Gehirnoperation, und die Freßsucht verschwindet.

Dreißig Millionen Menschen sterben an Krankheiten, die durch Überernährung verursacht werden, dreißig Millionen Menschen sterben, weil sie nichts zu essen haben – sechzig Millionen Menschen können mit etwas Einsicht sofort gerettet werden.

Aber wir brauchen eine Vogelperspektive, um die ganze Welt als *eine* Einheit zu betrachten.

Unsere Probleme haben uns in eine Situation gebracht, wo wir den Menschen transformieren müssen – seine alten Traditionen, seine Konditionierungen – weil genau diese Konditionierungen und diese Erziehungssysteme und Religionen, denen der Mensch bis heute gefolgt ist, zu dieser Krise beigetragen haben.

Dieser globale Selbstmord ist das Resultat all unserer Kulturen, all unserer Philosophien, all unserer Religionen. Sie haben alle auf verschlungenen Wegen dazu beigetragen... weil niemand je das Ganze im Auge hatte.

Jeder hat immer nur ein kleines Stück im Auge gehabt und nicht an das Ganze gedacht.

Und das Allergefährlichste ist, daß alle Nationen unseren Selbstmord im Namen von Krieg und Sieg vorbereiten – lauter kindisches, dummes Zeug. Das wird z.B. an der Art deutlich, wie die Nationen einen Fetzen Stoff als ihre Fahne verehren, und es um Ruhm und Freiheit geschehen ist,

> *Dieser globale Selbstmord ist das Resultat all unserer Kulturen, all unserer Philosophien, all unserer Religionen. Sie haben alle auf verschlungenen Wegen dazu beigetragen...*

---

wenn sie ihnen weggenommen wird – wehe, man beleidigt die Fahne der Nation! So sieht es aus mit der Verblödung der Menschen.

Es ist eine einfache Tatsache, daß die Welt ungeteilt ist.

Wozu sind so viele Nationen nötig, außer daß sich sehr viele Leute damit ihre Ego-Trips erfüllen?

Aus keinem anderen Grund sind sie nötig. Warum sollte sich Deutschland vor Immigranten fürchten und den Deutschen Anreize geben, mehr Kinder zu produzieren, wo doch die Erde an Überbevölkerung stirbt? Wenn es eine Weltregierung gäbe, könnte die Bevölkerung von einem Ort an den anderen gebracht werden. Wann immer die Bevölkerung zu schrumpfen anfängt, könnte sie aus den wachsenden Bevölkerungen anderer Nationen ergänzt werden.

Wenn es nur noch eine Weltregierung gibt, ohne Teilung in Nationen, und außerdem Bewegungsfreiheit, ohne Pässe und Visa und dergleichen idiotische Auflagen, dann lassen sich die Probleme ohne weiteres lösen.

EINE WELTREGIERUNG

VOR DEM ZWEITEN WELTKRIEG hat der Völkerbund es schon einmal mit einer Weltregierung versucht, aber er konnte nichts ausrichten, es blieb ein reiner Debattierklub. Der zweite Weltkrieg zerstörte endgültig die Glaubwürdigkeit des Völkerbundes. Aber die Notwendigkeit bestand nach wie vor. Darum mußte man die Vereinten Nationen gründen, die UNO. Aber die UNO ist ebenso sehr gescheitert wie der Völkerbund. Sie ist auch wieder nur ein Debattierklub, denn sie hat keine Macht. Sie kann nichts ausrichten, sie ist reine Formsache, ein Klub zum Diskutieren.

Um Erfolg haben zu können, ist es das Einfachste, man macht sie zur Weltregierung. Alle Nationen sollten ihr Militär, ihre Waffen der Weltregierung überantworten. Wenn es nur eine einzige Regierung gibt, werden natürlich weder Armeen noch Waffen gebraucht. Mit wem soll man Krieg führen?

Heute ist jedes große Land, jede Großmacht, mit Atomwaffen gespickt, in einem Maße, daß wir, wenn wir wollten, siebentausend Erden wie diese vernichten könnten, auf der Stelle. Soviel Atommacht existiert, steht zur Verfügung: genug, um jeden Menschen siebentausend Mal zu vernichten. Wir haben auch genug Gas-Waffen, um alles Leben auf der Erde fünftausend Mal zu vernichten. Das ist nicht nötig – einmal wäre genug! Aber Politiker wollen kein Risiko eingehen. Ihre Gesichter sind lauter Masken. Sie sagen das eine und tun das andere.

Politiker sind im Grunde, im Kern, impotent – von daher ihr Drang zur Macht. Sie spüren ihre Schwäche, ihre Unterlegenheit und Machtlosigkeit; sie wissen, daß sie Niemande sind. Aber wenn sie es schaffen, den Mob des Mittelmaßes davon zu überzeugen, daß sie seine Bedürfnisse erfüllen werden, kommt es zu einer beiderseitigen Abmachung, einem Kuhhandel. Dann geben die Massen ihnen die Macht. Und wenn sie erstmal die Macht haben, vergessen sie all ihre Versprechungen; in Wirklichkeit hatten sie sie nie ernst gemeint. Kaum haben sie die Macht, seht ihr ihre wahren Gesichter.

***Die Vereinten Nationen sollten umgewandelt werden –
von einer Pro-Forma-Organisation
zu einer wirklichen Weltregierung,
und alle Nationen sollten ihr ihre Truppen
und Waffen ausliefern.***

Der Politiker ist nichts anderes als ein Egoist. Innen fühlt er sich unterlegen – und vor diesem Unterlegenheitsgefühl hat er Angst. Er möchte jemand sein, damit er dieses Unterlegenheitsgefühl vergessen kann. Macht gibt ihm die Gelegenheit: er kann sehen, wie er Millionen von Menschen unter seinem Daumen hat. Er kann sich überzeugen, daß er kein Niemand ist, daß er jemand Besonderes ist, und fängt nun an, sich entsprechend aufzuführen. Er fängt an, die Macht zu mißbrauchen. Sobald er an der Macht ist, möchte er sie nie wieder aus der Hand geben, weil er unbewußt genau weiß, daß er, wenn er keine Macht mehr hat, seine Leere, sein Unterlegenheitsgefühl, seine Ohnmacht konfrontieren muß.

Und in den Händen solcher Menschen liegt die Macht...

Jeder Dussel kann auf einen Knopf drücken und die gesamte Menschheit erledigen – alles Leben auf Erden.

Die Vereinten Nationen sollten umgewandelt werden – von einer Pro-Forma-Organisation zu einer wirklichen Weltregierung, und alle Nationen sollten ihr ihre Truppen und Waffen ausliefern. Dann lassen sich Wege finden, die Waffentechnologie für kreative Zwecke einzusetzen. Und Millionen von Menschen aus den Heeren werden für solche kreativen Arbeiten freigestellt sein. Und all die Wissenschaftler, die jetzt der Macht der Regierungen ausgeliefert sind, werden unter der UNO zu einem geschlossenen Kontingent.

Jeder Premierminister der existierenden Länder wird ein Mitglied der Weltregierung werden, und alle Premierminister der Länder, die sich zu einer Weltregierung zusammenschließen, werden weiterhin funktionale Aufgaben wahrnehmen. Sie werden keine wirkliche Macht haben, weil sich die Frage, wer wen überfallen könnte, gar nicht stellt. Sie werden sich einfach nur um die Eisenbahnen und die Postämter usw. ihrer Länder kümmern.

Es ist möglich, daß ein paar Regierungen sich der Weltregierung nicht anschließen; dann müssen sie völlig boykottiert werden, so als würden sie gar nicht existieren. Es darf keine Beziehung mit ihnen geben, keine Kom-

**Das wird die gesamte Struktur der Macht
auf der Welt verändern.
Dann lassen sich die Einzelheiten
sehr leicht ausarbeiten.**

---

munikation, denn das ist das einzige Mittel, sie dazu zu bringen, sich anzuschließen. Und einer Weltregierung können sie nicht standhalten. Sie werden sich ergeben müssen. Es ist besser, sich mit Anstand zu ergeben. Und dann werden sie ihre eigene Regierung haben, ihre eigenen Schutzkräfte, eine nationale Truppe, die innere Angelegenheiten regelt. Aber sie werden keine Atomwaffenwerke haben, und keine Millionen von Leuten, die sich mit der unnötigen Aufgabe beschäftigen, wie man Menschen tötet.

Die Mitglieder der Weltregierung werden den Weltpräsidenten wählen. Aber der Weltpräsident wird nicht aus dem Mitgliederkreis der Weltregierung gewählt, sondern kommt von außen. Und eines sollte von vornherein feststehen, was ihn betrifft – daß er kein Politiker ist. Er kann ein Dichter sein, ein Maler, ein Mystiker, ein Tänzer, aber kein Politiker. Alles, nur das nicht. Auf diese Weise also werden wir die Macht der Politik zerstören, die früher das ganze Krebsgeschwür war.

Die UNO sollte, so wie sie heute ist – mit ein paar Ländern, die Veto-Recht haben – aufgelöst werden.

Das ist wieder so ein Macht-Trip, und viele Probleme sind daraus entstanden: eine einzige Regierung darf etwas verbieten, was die ganze Welt betrifft! Stattdessen wird die Stimme der Präsidenten jedes Landes genau so viel wiegen, wie es der Anzahl der Abiturienten, der Absolventen der höheren Schulbildung in seinem Lande entspricht. Das wird die gesamte Struktur der Macht auf der Welt verändern. Dann lassen sich die Einzelheiten sehr leicht ausarbeiten.

E I N E RELIGIOSITÄT – EINE WELT VON INDIVIDUEN

NACH DEN NATIONEN sind die Religionen die zweite große Krankheit; sie haben Krieg geführt, sie haben getötet – aus Gründen, für die sich kein Mensch interessiert.
Das Christentum war die erste Religion, die der Menschheit die Idee in den Kopf gesetzt hat, ein Krieg könne ebenfalls religiös sein. Und der Islam und andere Religionen sind seinem Beispiel gefolgt und haben sich im Namen Gottes gegenseitig abgeschlachtet.
Ich sage: Krieg als solcher ist irreligiös. So etwas wie einen Kreuzzug, einen Jihad, einen heiligen Krieg kann es nicht geben! Wenn ihr den Krieg „heilig" nennt, was kann man dann noch unheilig nennen? Wer interessiert sich für Gott, außer die Priester?
Mir ist noch nie ein Mensch begegnet, der sich wirklich für Gott interessierte. Biete ihm mit der einen Hand fünf Dollar an und Gott mit der anderen – er wird die fünf Dollar nehmen und sagen: „Gott ist ewig, der kann warten. Im Augenblick bringen mich die fünf Dollar weiter."
Aber die Priester interessieren sich deshalb für Gott, weil das ihr Geschäft ist, und weil sie möchten, daß ihr Geschäft blüht und gedeiht.
Die Religionen haben die Ganzheit des Menschen zerstört. Sie haben ihn zerbrochen – nicht nur in Stücke, sondern in widerstrebende Stücke, und diese Stücke kämpfen nun unentwegt gegeneinander. Auf die Art haben sie die Menschheit schizophren gemacht. Sie haben jedem eine gespaltene Persönlichkeit gegeben. Das ist auf sehr gerissene und schlaue Art passiert – indem sie euren Körper, euren Sex verdammt, indem sie euch gegen eure eigene Natur aufgehetzt haben.
Alle Religionen sind gegen alles, was der Mensch genießen kann. Sie haben ein handfestes Interesse daran, den Menschen unglücklich zu halten, und jede Möglichkeit zu zerstören, daß er je Frieden, Freude und Erfüllung finden kann – das Paradies hier und jetzt.
Euer Unglück ist absolut notwendig, damit es „die andere Welt" geben kann. Zum Beispiel: Wenn euer Sex wirklich erfüllt ist, dann braucht ihr Gott nicht, weil euer Leben erfüllt ist. Aber wenn euer Sex verdammt,

Glaube ist nur eine Strategie, um sich selbst zu täuschen.

unterdrückt, zerstört wird, wenn man euch seinetwegen Schuldgefühle einimpft, dann kann Gott ewig weiterleben. Gott leitet seine Energie aus eurem Selbstmord her!

Die Religionen haben euch gelehrt, daß ihr nicht von dieser Welt seid, sondern daß ihr nur deshalb hier seid, um bestraft zu werden, um eure „Erbsünde" zu sühnen. Sie mußten es tun – um Gott zu erschaffen, der eine poetische Fiktion ist, und um den Himmel zu erschaffen, der eine Verlängerung der menschlichen Habgier ist, und um den Menschen die Angst vor der Hölle einzujagen – mit anderen Worten: um an der Wurzel der menschlichen Seele Angst zu säen. Natürlich sind diese Fiktionen für die Priester sehr profitabel.

Keine Religion akzeptiert die simple, natürliche und reale Tatsache, daß der Mensch eine Einheit ist – Körper und Bewußtsein in einem – und daß diese Welt nicht vom Menschen zu trennen ist. Der Mensch ist genauso in dieser Welt verwurzelt, wie es die Bäume sind. Und die Wurzeln gehören so wesentlich zum Baum wie die Blüten. Ja, ohne Wurzeln gäbe es keinen Baum!

Dieser Planet, diese Erde, ist unsere Mutter, und wir alle sind Teil einer einzigen Lebenskraft – Teil einer einzigen ozeanischen Existenz. Und weil wir tief in unserer Mitte eins sind, existiert die Möglichkeit der Liebe.

Ich bin gegen alle organisierten Religionen, ohne Ausnahme – aus dem einfachen Grund, daß die Wahrheit nicht organisiert werden kann. Sie ist keine Politik.

All diese Religionen haben euch zu Rädchen in einer Masse, zu Abhängigen der Masse gemacht. Sie haben euch eure Individualität geraubt, eure Freiheit, eure Intelligenz. Und dafür haben sie euch scheinbare Glaubensinhalte gegeben, die nichts bedeuten.

Glaube ist nur eine Strategie, um sich selbst zu täuschen. Ihr wollt euch nicht auf den Pfad des Suchens, Forschens, Entdeckens begeben. Er ist hart, denn ihr werdet viel Aberglauben aufgeben müssen, und ihr werdet euch deprogrammieren müssen von all den Konditionierungen der

Eine authentische Religiosität bedarf keiner Propheten, keiner Heilande, keiner Kirchen, keiner Päpste, keiner Priester – weil Religiosität das Aufblühen deines Herzens ist.

Vergangenheit, die euch davon abhalten, die Wahrheit zu erkennen, euch selbst zu erkennen. Kein Glaube kann helfen, und alle Religionen basieren auf Glauben. Eben darum nennt man sie auch „Glaubensbekenntnisse".

Die Wahrheit ist eine Suche, kein Bekenntnis. Sie ist ein Nachforschen, kein Glauben. Sie ist eine Frage, ein Fragen. Wer diese Suche vermeidet, wird leicht verführbar, fällt leicht all denen zum Opfer, die nur darauf warten, euch auszubeuten.

Und natürlich fühlt es sich in der Menge wohlig an. Es gibt sechshundert Millionen Katholiken. Da fühlt man sich wohl, und man hat das Gefühl, daß sechshundert Millionen Menschen sich nicht irren können. *Du* kannst dich irren, aber sechshundert Millionen Leute können sich nicht irren – nur, genau so denkt jeder von ihnen.

Vierhundert Millionen Hindus haben das Gefühl, recht zu haben, und für die Mohammedaner, die Buddhisten und andere Religionen gilt dasselbe.

Eine Religion sollte keine tote Organisation sein, sondern eher eine Religiosität, ein liebendes Herz, eine Freundlichkeit gegenüber dem Ganzen. Für das alles braucht man keine Heiligen Schriften.

Alle sogenannten Religionen haben euch das Grab geschaufelt, haben euer Leben, eure Freude zerstört und euch den Kopf vollgestopft mit Phantasien, Illusionen, Halluzinationen über Gott, über Himmel und Hölle und Wiedergeburt, und mit allem möglichen anderen Quatsch.

Eine authentische Religiosität bedarf keiner Propheten, keiner Heilande, keiner Kirchen, keiner Päpste, keiner Priester – weil Religiosität das Aufblühen deines Herzens ist.

Wenn sich Religiosität über die ganze Welt verbreitet, werden die Religionen endgültig verblassen, und es wird ein enormer Segen für die Welt sein, wenn der Mensch nur noch Mensch ist – weder Christ noch Moslem noch Hindu.

Aber die Welt hat bisher noch keine Religiosität erlebt. Bevor die

**Eine Menschheit genügt.
Und eine Religiosität genügt.**

Religionsität nicht zum Grundklima der Menschheit geworden ist, wird es überhaupt keine Religion geben – nur Aberglauben. Und ich bestehe deshalb darauf, es Religiosität zu nennen, damit es nichts Organisiertes wird. Religiosität ist eine individuelle Angelegenheit. Sie ist deine Liebesbotschaft an den ganzen Kosmos. Nur so wird es einen Frieden geben, der über alles Mißverstehen erhaben ist... denn bisher waren alle Religionen Parasiten und haben die Menschen ausgesaugt, unterjocht, zum Glauben gezwungen. Und *jeder* Glaube ist gegen die Intelligenz.

Ich sähe die ganze Welt liebend gern religiös – aber im Sinne einer unabhängigen Suche, geboren aus der Freiheit jedes einzelnen.

Erstens also sollten die Nationen verschwinden, wenn die Welt überleben soll. Wir brauchen kein Indien und kein England und kein Deutschland.

Zweitens sollten die Religionen verschwinden.

Eine Menschheit genügt.

Und *eine* Religiosität genügt.

Meditation, Wahrheit, Liebe, Authentizität, Aufrichtigkeit – all das braucht kein Attribut... hinduistisch, christlich, mohammedanisch. Eine einzige Religiosität – eine Eigenschaft, nicht etwas Organisiertes.

Sobald sich Organisation einmischt, wird es zu Gewalt kommen, denn dann gibt es Reibungen mit anderen Organisationen. Wir brauchen eine Welt von Individuen, ohne jegliche Organisationen. Ja, es kann Gruppen von Menschen geben, die ähnliche Gefühle haben, ähnliche Freuden, ähnlichen Jubel, aber es darf keinerlei Organisationen, Hierarchien, Bürokratien geben.

Erstens keine Nationen, zweitens keine Religionen, und drittens eine Wissenschaft, die einzig und allein einem besseren Leben gewidmet ist, die für mehr Leben, höhere Intelligenz, mehr Kreativität arbeitet – nicht für mehr Krieg, nicht für die Zerstörung. Wenn diese drei Dinge möglich werden, kann die gesamte Menschheit vor der Vernichtung bewahrt werden – der Vernichtung durch ihre eigenen Führer, die religiösen, die politischen, die gesellschaftlichen.

PRIESTER UND POLITIKER – DAS TÖDLICHE KOMPLOTT

DER GLEICHE UNO-REPORT – „Unsere gemeinsame Zukunft" – befaßt sich nur deswegen nicht mit den wirklichen Wurzeln der Probleme, um unsere Regierungen und Religionen nicht vor den Kopf zu stoßen.

Zum Beispiel heißt es darin, daß Wirtschaft und Ökologie zusammenhängen – aber was ist mit Religion und Politik?

Ihr sollt wissen, wer die wahren Verbrecher sind. Das Problem ist, daß diese Verbrecher für große Führer gehalten werden, für große Leitbilder der Heiligkeit und Ehrbarkeit. Also muß ich all diese Leute entlarven, denn sie sind die Wurzeln.

Es mag zum Beispiel leichter zu verstehen sein, warum die Politiker die Wurzel vieler Probleme sind – Kriege, Morde, Massaker; etwas schwieriger wird es allerdings, wenn es sich um religiöse Führer handelt. Denn bisher hat kein Mensch die Hand gegen sie erhoben. Sie sind seit Jahrhunderten ehrbare Leute, und mit der Zeit nimmt ihr Ansehen immer mehr zu. Die schwierigste Aufgabe für mich ist die, euch bewußt zu machen, daß es diese Leute sind, die – ob wissentlich oder unwissentlich, das ist egal – unsere Welt geschaffen haben.

Die Politiker und die Priester haben schon immer unter einer Decke gesteckt, haben Hand in Hand gearbeitet. Der Politiker hat die politische Macht, der Priester hat die religiöse Macht. Der Politiker schützt den Priester, der Priester segnet den Politiker – und die Massen werden ausgebeutet, ihr Blut wird von beiden ausgesaugt.

Die Religionen haben den menschlichen Geist verblödet, indem sie Phantasmagorien zu Glaubensbekenntnissen machten. Und die Politiker haben den Menschen dadurch zerstört, daß sie sein Leben so unwürdig wie nur möglich gemacht haben; denn ihre Macht beruht auf eurer Unterwerfung. Diese Hindernisse müssen beseitigt werden.

Statt in den Dienst von Tod und Zerstörung gestellt zu werden, sollte die Wissenschaft lieber in den Dienst von Leben und Liebe, Lebensbejahung und Lebensfeier gestellt werden.

***Der Politiker hat die politische Macht,
der Priester hat die religiöse Macht.
Der Politiker schützt den Priester,
der Priester segnet den Politiker –
und die Massen werden ausgebeutet,
ihr Blut wird von beiden ausgesaugt.***

Die Situation heute sieht so aus, daß wir entweder diesen stinkenden Politikern und Priestern erlauben, die gesamte Menschheit und die Erde zu vernichten, oder aber wir müssen ihnen die Macht aus den Händen nehmen und sie dezentralisiert unter der ganzen Menschheit verteilen.

Zum Beispiel predigen alle Religionen ständig gegen Geburtenkontrolle, und keine Regierung ist mutig genug, diesen Religionen zu sagen, daß sie eine Situation herbeiführen, wo sie ungeheures Leid über die Erde bringen. In den vierzig ärmsten Ländern der Welt stirbt heute ein Viertel aller Kinder vor dem fünften Lebensjahr.

Die Politiker haben Angst, die Menschen über die Vorteile der Geburtenkontrolle aufzuklären, über die Vorteile der Abtreibung; denn ihr Hauptinteresse ist nicht, ob das Land überlebt oder stirbt, sondern ihr Interesse geht dahin, niemanden vor den Kopf zu stoßen. Die Leute haben alle ihre Vorurteile, aber die Politiker wollen nicht an ihre Vorurteile rühren, weil sie ihre Stimme brauchen. Wenn sie ihre Vorurteile verletzen, werden diese Leute ihnen nicht ihre Stimmen geben.

Die Bevölkerungsexplosion ist das Problem.

Alle Religionen lehren: „Dient den Armen," aber nicht eine einzige Religion ist bereit zu sagen: „Akzeptiert die Geburtenkontrolle, damit die Bevölkerung zurückgeht."

Der Papst mischt sich ständig ein. Er duldet absolut keine Geburtenkontrolle: sie ist Sünde, eine Sünde gegen Gott! Und was für ein Gott ist das, der nicht erkennt, daß die Erde unter ihrer Bevölkerung zusammenbricht?

Seine Politik ist ein Zahlenspiel. Wieviel Christen sind wir auf der Welt? – das ist unsere Macht. Je mehr Christen es gibt, desto mehr Macht ist in den Händen der christlichen Priester, der Priesterschaft. Kein Mensch ist daran interessiert, irgendwen zu retten; Hauptsache, die Bevölkerung nimmt zu.

Was das Christentum getan hat, ist folgendes: der Vatikan hat ständig Befehle gegen Empfängnisverhütung erlassen, worin es heißt, daß es eine Sünde sei, Verhütungsmethoden zu verwenden, daß es eine Sünde sei,

> **Der Papst mischt sich ständig ein.**
> **Er duldet absolut keine Geburtenkontrolle:**
> **sie ist Sünde, eine Sünde gegen Gott!**
> **Und was für ein Gott ist das, der nicht erkennt,**
> **daß die Erde unter ihrer Bevölkerung zusammenbricht?**

Abtreibung zu befürworten, zu ermutigen oder sie zu legalisieren. Glaubt ihr vielleicht, diese Leute hätten ein Herz für die Ungeborenen? Sie denken gar nicht an sie; diese ungeborenen Kinder sind ihnen völlig egal. Sie verfolgen ihre Interessen, obwohl sie genau wissen, daß wenn es keine Abtreibungen gibt und keine Verhütungsmittel benutzt werden, diese ganze Menschheit im globalen Selbstmord enden wird.

Und bis dahin ist es nicht so lange hin, als daß man die Lage nicht erkennen könnte. Wenn sich die Dinge nicht ändern, wird schon in den nächsten zwölf Jahren die Weltbevölkerung so sein, daß jedes Überleben unmöglich wird.

Erst neulich hat der Vatikan ein langes Sendschreiben auf die Menschheit losgelassen – einhundertneununddreißig Seiten lang: „Abtreibung ist Sünde; Empfängnisverhütung ist Sünde." Nun – in der Bibel steht nirgendwo, daß Abtreibung Sünde ist, denn damals war keine Geburtenkontrolle nötig. Von zehn Kindern starben jeweils neun. Das war das Verhältnis, und in Indien war es noch vor dreißig oder vierzig Jahren so: von zehn Kindern überlebte immer nur eines. Aber früher war die Bevölkerung nicht zu groß, belastete sie die Erde nicht zu sehr. Heute stirbt selbst in Indien – von den fortschrittlichen Ländern ganz zu schweigen – von zehn Kindern nur eines.

Die medizinische Wissenschaft hilft der Menschheit also immer mehr zu überleben. Und das Christentum eröffnet immer mehr Krankenhäuser und verteilt Medikamente, während es gleichzeitig die Geburtenkontrolle verdammt und solche Dummheiten predigt wie „Kinder sind gottgesandt" – und Mutter Teresa hält schon ihr Lob parat, und der Papst seinen Segen...

Sogar um Rußland machen sie sich Sorgen. In Amerika gibt es eine christliche Vereinigung, die sich „Untergrund-Evangelismus" nennt, die in kommunistischen Ländern arbeitet, um die Bibel umsonst zu verteilen und genau diese Dummheiten zu verbreiten, daß Abtreibung Sünde ist, und das Geburtenkontrolle Sünde ist.

**Wenn eines Tages die ganze Erde
an dieser Bevölkerungsexplosion stirbt,
dann werden diese Leute schuld daran sein —**

Rußland hat es gerade geschafft, nicht mehr zu hungern. Sie sind dort nicht reich, aber sie hungern auch nicht. Bitte laßt wenigstens die Russen in Frieden! Und sie verdanken es gerade der Geburtenkontrolle, daß sie nicht hungern. Wenn Geburtenkontrolle verboten wird, wenn Abtreibung verboten wird, kommt Rußland in die gleiche Lage wie Äthiopien. Dann werden sich Mutter Teresa und der Papst sehr freuen. Dann werden die Untergrund-Evangelisten aus ihren Löchern kommen und die Leute zum Christentum bekehren.

Wenn eines Tages die ganze Erde an dieser Bevölkerungsexplosion stirbt, dann werden diese Leute schuld daran sein — sie sind gegen Geburtenkontrolle und Abtreibung.

Heute hat die Erde keine Chance mehr, ohne Geburtenkontrolle, ohne Abtreibung reich zu werden.

DER SCHADEN LÄSST SICH BEHEBEN!

D IESE KRISE ist in gewisser Hinsicht gut, weil sie die Menschen zwangsläufig vor die Wahl stellen wird: wollt ihr sterben, oder wollt ihr ein neues Leben anfangen?

Der Schaden läßt sich beheben; aber dann stellt euch tot für die Vergangenheit, dann werft alles weg, was euch als Erbe von der Vergangenheit überliefert wurde, und fangt frisch an – so als wärt ihr zum ersten Mal auf der Erde gelandet. Fangt an, *mit* der Natur zu arbeiten, nicht als Feind, sondern als Freund, und bald wird die Umwelt wieder als organische Einheit funktionieren.

Es ist nicht schwer, die Erde grüner zu machen. Es mögen zwar viele Bäume gefällt worden sein, aber noch viel mehr Bäume können gepflanzt werden. Und mit wissenschaftlicher Hilfe können sie schneller wachsen, können sie besseres Laub haben. Neuartige Dämme können in den Flüssen gebaut werden, damit sie nicht arme Länder wie Bangladesh überfluten. Mit dem gleichen Wasser kann mehr Strom gewonnen werden und Tausenden von Dörfern Licht für die Nächte und Wärme für die kalten Winter gespendet werden.

Es ist eine einfache Sache. Alle praktischen Probleme sind einfach.

Schwierig sind nur die eigentlichen Wurzeln dieser Probleme.

Die Staaten und organisierten Religionen werden sich mit Händen und Füßen gegen ihr Verschwinden wehren. Mag die ganze Welt zugrunde gehen, dazu sind sie bereit – nur zu einem werden sie nicht bereit sein: nämlich ihre Waffen, all ihre Armeen an eine Weltorganisation abzuliefern.

Aber Armeen sind überflüssig. Diese Millionen von Menschen, die in den Armeen stecken, sind reine Verschwendung. Sie tun überhaupt nichts; gebraucht werden sie erst bei Gewalt, wenn es innerhalb des Staates oder mit anderen Staaten Krieg gibt. Im Frieden sind sie unnütz.

Eine Weltregierung würde langsam alle Militärs auflösen... friedliche Bürger aus ihnen machen.

Sie können in den Dienst von kreativen Künsten gestellt werden, von

**Ich möchte, daß die ganze Welt es weiß:
wenn ihr nicht bereit seid einszuwerden,
dann seid bereit, von diesem Planeten zu verschwinden.**

Landwirtschaft, von Gartenarbeit. Und es sind ausgebildete Leute. Sie können Arbeiten verrichten, die niemand anders kann. Eine Armee kann im Handumdrehen eine Brücke bauen - dazu ist sie ausgebildet. Sie kann mehr Häuser für Menschen bauen.

Ich möchte, daß die ganze Welt es weiß: Wenn ihr nicht bereit seid einszuwerden, dann seid bereit, von diesem Planeten zu verschwinden.

**Teil II
Meine Vision
von einer
neuen Menschheit**

MERITOKRATIE – MACHT IN DEN HÄNDEN DER INTELLIGENZ

EINES STEHT absolut fest:
Die Tage der Politiker sind gezählt.
Sie haben ihre Arbeit – destruktiv und gewalttätig zu sein – nur allzu gut getan. Nichts spricht mehr für den Politiker. Und mit jedem Tag, der vergeht, rückt sein Tod näher. Das ist seine eigene Schuld. Er hat die Waffen, die der ganzen Welt den Tod bringen können, bis zu einem Grad verfeinert, daß es keinen Weg mehr zurück gibt. Entweder wird jetzt ein letzter Krieg stattfinden – und damit der Tod von allem und jedem – oder eine totale Veränderung der gesamten Struktur menschlicher Gesellschaft. Ich nenne diese Veränderung „Meritokratie".

Erstens: Wir müssen die Vorstellung aufgeben, daß jeder Mensch, nur weil er achtzehn ist, schon in der Lage ist, den Richtigen zu wählen, der über das Schicksal ganzer Völker entscheidet. Alter darf hierbei kein entscheidender Faktor sein. Damit ändert sich die eigentliche Basis. Mein Vorschlag ist, daß nur eine Person, die mindestens einen Gymnasialabschluß hat, also das Abitur hat, wählen dürfen wird. Auf das Alter kommt es nicht an.

Für die Lokalverwaltung wird man durch das Abitur wahlberechtigt. Und alle, die sich am Wahlkampf beteiligen – alle Kandidaten also – müssen einen Hochschulabschluß, mindestens ein abgeschlossenes vierjähriges Studium als Qualifikation vorweisen. Wer Bürgermeister werden will, sollte als Mindestqualifikation einen Magisterabschluß haben.

Als Wahlberechtigung für die Landeswahlen sollte ein abgeschlossenes Hochschulstudium gelten. Für die Kandidaten sollte ein Magistergrad in Naturwissenschaften, Geisteswissenschaften oder Wirtschaftswissenschaften die Mindestqualifikation sein. Für die Kabinettsminister sollte ein Magisterabschluß mit höchster Auszeichnung Mindestqualifikation sein – ein noch höherer Abschluß wäre natürlich willkommener. Und jeder, der Kabinettsminister werden will, wird sich in seinem Sachbereich auskennen müssen. Seine Ausbildung sollte dem Sachbereich entsprechen, mit dem er in seiner Amtszeit zu tun haben wird.

Erstens: Wir müssen die Vorstellung aufgeben, daß jeder Mensch, nur weil er einundzwanzig ist, schon in der Lage ist, den Richtigen zu wählen, der über das Schicksal ganzer Völker entscheidet.

Wenn also jemand zum Beispiel als Erziehungsminister vorgesehen ist, dann sollten ihn seine Qualifikationen auch zum Erziehungsminister befähigen. Er muß zumindest einen Magisterabschluß mit Auszeichnung in Erziehungswissenschaft haben – ohne akademische Auszeichnung dürfte überhaupt niemand Minister auf Landesebene werden. Ja, wenn er noch höhere Titel hat – Doktor der Erziehungswissenschaft, einen Dr.phil. – dann ist das nur gut, dann qualifiziert ihn das umso mehr.

Der Justizminister muß wenigstens einen juristischen Doktortitel haben, einen Dr.jur. – das ist das Mindeste. Denn der Mann ist der Garant des Rechtes in seinem Bundesland, der Rechte der Bürger. Er sollte die bestmögliche Qualifikation haben, damit er sich in allem auskennt.

Der Ministerpräsident sollte die allerbesten akademischen Qualifikationen vorweisen können, die für ihn möglich sind – alle Examen und einen Doktorgrad mit höchster Auszeichnung; sein Doktorgrad sollte in politischen Wissenschaften sein – und zumindest einen Ehrendoktor in Philosophie oder Recht.

Für die Wahl der Bundesregierung sollte der Wähler mindestens das Magisterexamen vorweisen können. Die Kandidaten, die sich zur Wahl stellen, sollten mindestens einen Magistertitel mit höchster Auszeichnung und einen Doktortitel haben. Und die Minister sollten die höchste Qualifikation auf dem Gebiet haben, wo sie als Minister tätig sein werden. Wenn es Erziehung ist, dann die höchsten akademischen Grade der Erziehungswissenschaft, die es im Lande gibt; wenn es Gesundheit sein soll, dann die höchsten akademischen Grade des Gesundheitswesens, die es im Lande gibt.

Der Kanzler sollte wenigstens zwei Doktortitel und einen Ehrendoktor in Literatur oder Recht besitzen. Und das gleiche gilt für seinen Stellvertreter, denn der kann jeden Tag Kanzler werden.

Auf diese Weise wird die Mobokratie zerstört.

Dann wird man mit achtzehn nicht mehr automatisch für fähig erklärt, die Regierung zu wählen. Die Regierung zu wählen, dazu gehört eine

**...noch nie hat sich die gesamte Intelligenz der Welt getroffen, um über das Schicksal der Menschheit zu bestimmen.
Sie sollten die erste Weltverfassung schreiben.**

---

große Fähigkeit und Intelligenz. Durch die bloße Tatsache, daß du achtzehn bist, magst du zwar fähig sein, Kinder zu zeugen – dazu gehört kein Geschick, keine Ausbildung; die Biologie schickt dich bestens gerüstet ins Feld. Aber um die Regierung zu wählen, um Menschen zu wählen, die die ganze Macht über dich und alle anderen haben werden, und die das Schicksal des Landes und der Welt bestimmen werden, dazu reicht es ganz gewiß nicht aus, einfach nur achtzehn zu sein... Die Art, wie wir diese Leute bisher gewählt haben, ist einfach idiotisch.

Ich möchte, daß alle Universitäten – in jedem Bundesland – eine Versammlung einberufen, mit allen Rektoren und wichtigsten Professoren und wer sonst noch zur tonangebenden Intelligenz im Umkreis der Universität gehört: Maler, Künstler, Dichter, Tänzer, Schauspieler, Musiker. Mit dabei wären alle Talente, alle möglichen Leute, die ihr Kaliber bewiesen haben – unter völligem Ausschluß der Politiker.

Alle Nobelpreisträger sollten eingeladen werden – wiederum unter Ausschluß der Politiker, denn in den letzten Jahren haben ein paar Politiker den Nobelpreis bekommen, und das hat den Wert des Nobelpreises herabgemindert.

Auf diese Art sollte also von jedem Bundesland eine Delegation für die Nationalversammlung gewählt werden, die dann im einzelnen ausarbeitet, wie die Meritokratie funktionieren soll.

Die Nationalvertreter können dann eine internationale Versammlung aller Universitäten und der Intelligenz der Welt einberufen. Das wäre die erste ihrer Art, denn noch nie hat sich die gesamte Intelligenz der Welt getroffen, um über das Schicksal der Menschheit zu bestimmen. Sie sollten die erste Weltverfassung schreiben. Sie wird nicht amerikanisch sein, sie wird nicht indisch sein, sie wird nicht chinesisch sein – es wird einfach die Verfassung der ganzen Menschheit sein. Es sind keine verschiedenartigen Gesetze nötig. Sie werden nicht gebraucht – alle Menschen brauchen ein und dasselbe Gesetz.

Und eine Weltverfassung wird zugleich eine Proklamation sein, daß es

Sobald wir die Macht aus den Händen des Mobs in die Hände intelligenter Menschen gelegt haben, von Menschen, die wissen, was sie tun, können wir etwas Wertvolles schaffen.

nicht mehr auf Nationen ankommt. Die können als Verwaltungseinheiten bleiben, aber nicht als unabhängige Mächte. Und wenn die gesamte Intelligenz der Welt hinter dieser Konvention steht, wird es gar nicht so schwer sein, die Generäle der Welt davon zu überzeugen, von den Politikern abzurücken.

Und was für eine Macht haben Politiker? Alle Macht, die sie haben, ist ihnen von uns gegeben worden. Wir können sie zurücknehmen. Es ist nicht ihre Macht, es ist unsere Macht. Wir müssen nur einen Weg finden, sie uns zurückzuholen. Denn das Geben ist sehr leicht, das Nehmen ist ein bißchen schwierig. Wenn du dir deine Macht zurückholst, werden sie nicht so schlicht und unschuldig tun wie damals, als sie dich um die Macht gebeten haben. Es ist unsere Macht, aber sie werden sie weiterbehalten – solange der Mob bleibt, der sie ihnen gibt. Der Mob läßt sich von allem möglichen überzeugen.

Es ist die Aufgabe der Intelligenz... Ich will euch eines sagen: wenn jetzt der Welt etwas zustößt, dann wird allein die Intelligenz dafür verdammt werden: „Und was habt ihr getan? Mag sein, daß diese Idioten bereit waren, die Menschheit umzubringen – aber was habt *ihr* getan? Konntet ihr nichtmal mit diesen Idioten fertigwerden? Ihr habt immer nur gemeckert und gemosert, aber sonst habt ihr nichts getan."

Und die Zeit wird knapp. Sobald wir bestimmen, daß das Wahlrecht nicht jedermanns Geburtsrecht ist, sondern ein Recht, das man sich durch seine Intelligenz zu erwerben hat... Ihr müßt den Unterschied erkennen: Jeder bekommt die Chance, es sich zu verdienen, jeder hat die gleichen Voraussetzungen, es sich zu verdienen, aber es ist nicht von Geburt aus mitgegeben. Du mußt erst den Beweis erbringen.

Sobald wir die Macht aus den Händen des Mobs in die Hände intelligenter Menschen gelegt haben, von Menschen, die wissen, was sie tun, können wir etwas Wertvolles schaffen.

Wenn ein Mensch, der sein ganzes Leben daran gesetzt hat, über die Erziehung und ihre Probleme nachzudenken, der alles nur Denkbare

Ich bin nicht gegen das Volk.
Im Gegenteil: das Volk richtet sich in den Händen
dieser Politiker nur selbst zugrunde.
Ich bin ganz und gar für das Volk...

getan hat, um jede Einzelheit zu ergründen, jeden Erziehungsgrundsatz, alle möglichen Ansichten über Erziehung... wenn so einer dann Erziehungsminister wird, dann besteht die Möglichkeit, daß er etwas ausrichtet.

Ich schlage vor: wenden wir uns völlig vom Mob ab – und den „wenigen Auserwählten" zu.

Ich bin nicht gegen das Volk. Im Gegenteil: das Volk richtet sich in den Händen dieser Politiker nur selbst zugrunde. Ich bin ganz und gar für das Volk, und was ich sage, kann mit Fug und Recht dasselbe genannt werden, was man über die Demokratie gesagt hat: nämlich „aus dem Volk, für das Volk, durch das Volk" – nur das „durch das Volk" muß ich modifizieren. Diese Schicht von intelligenten Menschen wird *für* das Volk sein, *aus* dem Volk sein. Sie wird den Massen *dienen*.

Es ist eine so einfache Sache. Ärzte werden auch nicht gewählt. Da kann sich auch nicht jeder hinstellen, weil es sein „Geburtsrecht" ist, und sich von den Leuten wählen lassen... Zwei Leute, die sich darum rangeln, Arzt zu werden oder Chirurg! Warum nicht? Soll doch das Volk selbst entscheiden: für das Volk, durch das Volk, aus dem Volk. Einen von beiden wählen sie dann zum Chirurg – weil er besser reden kann, weil er im Fernsehen gut aussieht und große Versprechungen macht.

Aber er ist noch nicht mal Metzger, und will ein Chirurg sein! Da wäre selbst ein Metzger besser gewesen, wenigstens hätte der gewußt, wie man schneidet...

Aber ihr wählt Chirurgen nicht in öffentlicher Wahl.

Wie könnt ihr da einen Kanzler öffentlich wählen? Wie könnt ihr einen Ministerpräsidenten öffentlich wählen? Und nach diesem einen Posten gieren und rennen so viele Menschen! Und am meisten kämpfen die, die am krankhaftesten unter Ehrgeiz leiden; sie töten dafür, sie tun alles dafür.

Den Machthungrigen gebt ihr so viel Macht! Mit eigenen Händen reicht ihr ihnen den Strick, mit dem sie euch aufhängen!

Das ist keine Demokratie.

**Den Machthungrigen gebt ihr so viel Macht!
Mit eigenen Händen reicht ihr ihnen den Strick,
mit dem sie euch aufhängen!
Das ist keine Demokratie.**

Im Namen von Demokratie haben diese Leute die Massen ausgebeutet. Politiker und Priester müssen also aus ihren eingefleischten Machtpositionen entfernt werden, und es muß eine völlig neue Form der Verwaltung entwickelt werden.

Nur um dem Kind einen Namen zu geben, nenne ich mein System „Meritokratie". Aber Meriten um was? Verdient macht sich der, der dient und teilt. Und wenn ihr euch erst einmal entschlossen habt, die Macht von den Politikern auf die Intelligenz zu verlagern, wird alles möglich, wird alles ganz einfach.

Meritokratie ist ein ganzes Programm, wie man die Struktur der Gesellschaft, die Struktur der Regierung, die Struktur der Erziehung umformt.

Es ist ein schwieriger Job, voller Tücken, aber nicht unmöglich – vor allem in einer Situation wie der unsrigen nicht, deren die einzige Alternative Tod ist.

DIE MENSCHEN
AUF MACHT VORBEREITEN

MENSCHEN, die eines Tages Macht ausüben werden, müssen darauf vorbereitet werden. Im Augenblick, bisher, seit Jahrtausenden, bereitet ihr niemanden darauf vor. Wenn jemand Boxer wird, schiebt ihr ihn auch nicht einfach in den Ring und sagt: „Los!" Er muß es erst lernen. Wenn jemand das Schwert führen soll, braucht er Jahre dazu. Sonst weiß er nicht einmal, wie er das Schwert halten soll, kann er unmöglich damit umgehen, damit kämpfen. Erst muß er herausfinden, wie man es aus der Scheide zieht, wie man es hält. Es gehört Training dazu. Ihr gebt niemandem eine Gitarre in die Hand, wenn er das Instrument noch nie gesehen hat, und erwartet, daß er sich als ein Amadeus Mozart oder als Ravishankar entpuppt.

Nun, da habt ihr selber schuld.

Diese Leute an der Macht, habt ihr sie etwa geschult? Hat je einer bedacht, daß die Leute, die so viel Macht in den Händen halten werden, gewisse Qualitäten brauchen, damit sie ihre Macht auch nicht mißbrauchen? Es ist nicht ihre Schuld.

Ich schlage also zwei Institute vor, für jede Universität. Das eine Institut ist für Deprogrammierung. Jeder, der ein Studium abschließt, muß erst ein Zeugnis vom Institut für Deprogrammierung vorlegen, worin steht, daß man dich jetzt als Christ, als Hindu, als Moslem, als Jude deprogrammiert hat – oder was immer deine Handelsmarke war. Das Institut hat dich ausgemistet; denn genau da lag seit altersher unser Problem.

Wenn du seit fünfzig oder sechzig Jahren etwas Bestimmtes geglaubt hast, und ich plötzlich sage, daß das alles Unsinn ist, wirst du dich aufregen, wirst du Widerstand leisten; denn das heißt, daß du sechzig Jahre lang ein Dummkopf gewesen bist. Aber wenn du Mumm und Intelligenz besitzt, ist immer noch Zeit genug, aus der alten Fahrrille herauszukommen.

Meine Religiosität ist nichts anderes als die Wissenschaft des Deprogrammierens. Und ihr dürft das nicht mit dem Deprogrammieren verwechseln, das es in Kalifornien gibt – das sind Re-Programmierer! Wenn

Meine Religiosität ist nichts anderes als die Wissenschaft des Deprogrammierens.

jemand vor dem Christentum davongelaufen ist, holen sie ihn ins Christentum zurück – und das nennt ihr Deprogrammieren? Deprogrammieren heißt, daß du einfach ohne Programm bleibst – ohne Religion, Rasse, Kaste, Nationalität... du wirst allein dir selbst überlassen, um ein individueller Mensch zu sein.

Und vier Jahre ist Zeit genug. Deprogrammieren dauert nicht so lange; nur ein paar Stunden im Monat, vier Jahre lang, und du wirst deprogrammiert sein. Und du bekommst nicht eher ein Examenszeugnis von deinem Seminar, als bis dir das Deprogrammierungs-Institut bescheinigt hat, daß „dieser Mensch jetzt kein Etikett mehr hat, daß er jetzt einfach nur noch ein Mensch ist."

Das zweite Institut wird ein Institut für Meditation sein; denn es genügt nicht, einfach nur zu deprogrammieren. Das Deprogrammieren befreit dich von deinem Schrott, aber du bleibst leer zurück – und es ist schwer, leer zu sein. Du würdest wieder Schrott ansammeln. Auf dich selbst gestellt kannst du nicht allein lernen, wie du frohen Herzens mit deiner Leere leben kannst – aber genau das ist die ganze Kunst der Meditation.

Dieses Institut wird dir eine einfache Meditation geben. Es ist nichts Kompliziertes nötig; die Universitäten und die Intelligenz neigen dazu, alles kompliziert zu machen. Es genügt eine einfache Methode der Atem-Beobachtung; aber du mußt jeden Tag eine Stunde lang ins Institut gehen. Du sitzt einfach still und bist Zeuge deiner Verstandesprozesse, während du deine Aufmerksamkeit auf das Atmen richtest. Du brauchst nichts zu tun. Sei einfach Zeuge, ein Beobachter, ein Zuschauer, der sich den Verkehr des Verstandes anschaut – vorüberziehende Gedanken, Wünsche, Erinnerungen, Träume, Phantasien. Halt einfach Abstand, kühl, ohne Verurteilung, ohne Wertung. Sobald du den Dreh gefunden hast, ist es die einfachste Sache von der Welt.

Zum Meditieren gehören ein paar wesentliche Dinge, die man bedenken muß: Das erste ist ein entspannter Zustand – kein Kampf, keine Kontrolle, keine Konzentration. Das zweite ist Beobachtungsbereitschaft –

**Wenn etwas dich nicht transformiert,
ist es nicht Meditation.**

---

sei Zeuge von allem, was in dir vorgeht. Und das dritte ist: enthalte dich jedes Urteils und jeder Wertung. Sei einfach ein Zeuge.

Der Körper verändert sich, der Geist verändert sich, die Gefühle verändern sich – nur der Zeuge bleibt der gleiche.

Indem du das Zuschauen übst, bemerkst du, daß die Gedanken- und Gefühlswolken sich allmählich auflösen und das riesige Blau deines inneren Himmels erscheint – du wirst einen Geschmack davon bekommen, was es heißt, über den Körper-Geist-Herz-Komplex hinauszugehen. Sobald du diesen Zustand erfahren hast, hast du von Meditation gekostet. Und Meditation ist Frieden, Meditation ist Freude – Meditation ist Erfüllung.

Auf der einen Seite entrümpelt dich also das Deprogrammierungsinstitut, leert es dich aus, macht es dich zum Vakuum, und auf der anderen Seite hilft dir das Meditationsinstitut immer mehr, dich an deiner Nichts-heit, deiner Leere, deinem Vakuum zu freuen, an seiner Reinheit, seiner Frische. Und wenn du dann anfängst, es zu genießen, bekommst du das Gefühl, daß es überhaupt nicht leer ist, daß es voller Freude ist. Es hat anfangs leer ausgesehen, weil du daran gewohnt warst, soviel Gerümpel in dir zu haben, und jetzt ist dieses Gerümpel entfernt worden, und jetzt sagst du, daß es leer aussieht.

Es ist wie ein Raum voller Möbel. Du hast ihn immer nur voller Möbel gesehen. Dann eines Tages kommst du, und alle Möbel sind weg, und du sagst: „Der Raum sieht so leer aus." Der Raum ist nicht leer, der Raum ist einfach nur rein. Der Raum ist geräumig, zum ersten Mal. Vorher war er vollgestellt, vollgestopft, voller Gerümpel. Jetzt ist er reiner Raum.

Du mußt Meditation lernen, um deine Leere zu genießen.

Und das ist einer der größten Tage im Leben – wenn ein Mensch anfängt, die Leere, das Alleinsein, das Nichts zu genießen, denn danach wirst du dein ganzes Leben meditativ leben können.

Und mit meditativ leben meine ich liebevoll sein, wach sein, ein Zeuge sein. Was immer du tust, das tu mit Freude und Totalität – tu es so, als

Meditation wird aus dir ein neues Wesen, einen neuen Menschen machen – ein neues Bewußtsein, welches keine Angst, keinen Ernst, keine Gier, keinen Haß kennt

---

wäre es in diesem Augenblick das Allergrößte auf der Welt. Egal was du tust – wenn du es mit solcher Intensität, mit solcher Liebe, mit solcher Ehrfurcht tust, wird es dich transformieren.
 Wenn etwas dich *nicht* transformiert, ist es nicht Meditation.
 Aber alle Religionen haben unter „Meditation" immer nur Beten verstanden – Gebete, die nichts anderes sind als Beschwerden und Wünsche. Sie führen dich nicht in dein innerstes Sein, in keinen höheren Bewußtseinszustand – du bleibst der gleiche.
 Und im Namen von Meditation gibt es Hunderte von sogenannten Lehrern, die immer nur Menschen ausbeuten. Bei ihren Lehren geht es nur darum, den Verstand durch Konzentrationsübungen zu disziplinieren. Aber Konzentration ist ein Verstandesphänomen, sie stärkt den Verstand nur noch mehr! Und Meditation heißt, kurz gesagt, nichts anderes, als einen Abstand zu schaffen zwischen dir und deinem Verstand.
 Zum Beispiel ist die Transzendentale Meditation heute ein Paradebeispiel für angebliche Meditationen: du konzentrierst dich auf ein Wort, ein „heiliges Wort", und du wiederholst es, so schnell du kannst – ohne Lücken dazwischen. Das erzeugt eine Art künstlichen Schlaf und entlastet dich vom Denken. Es ist eine genußvolle Übung, und hinterher wirst du dich erfrischt fühlen. Ich habe nichts dagegen – nur nennt es bitte nicht Meditation. Und nennt es nicht transzendental. Das sind die falschen Wörter dafür. Es ist hypnotische Autosuggestion, und mehr nicht.
 Meditation wird aus dir ein neues Wesen, einen neuen Menschen machen – ein neues Bewußtsein, welches keine Angst, keinen Ernst, keine Gier, keinen Haß kennt, nichts von jenen dunklen Emotionen und Empfindungen, die so abstoßend, so krankhaft, so ekelerregend sind. Meditation kennt nur das, was dich erhebt, was dich immer mehr erhebt. Dann kann dich niemand mehr re-programmieren, niemand auf der ganzen Welt.
 Ehe das Meditationsinstitut dir kein Zeugnis gibt, nimmt dir die Universität auch kein Examen ab. Das Examen kommt erst, wenn eine Beschei-

**Es ist keine Frage von Intelligenz,
von Talent, von Genie –
es ist nur eine Frage von Geduld.**

nigung vom Deprogrammierungsinstitut und ein Abschlußzeugnis vom Meditationsinstitut vorliegt. Es kommt auf dich an – du kannst es in einem Jahr schaffen, du kannst es in zwei Jahren schaffen, du kannst es in drei Jahren schaffen, in vier Jahren. Aber vier Jahre sind mehr als genug. Jeder Schwachsinnige muß, wenn er vier Jahre lang auch nur eine Stunde pro Tag sitzt und nichts tut, zwangsläufig das finden, was Buddha oder Laotse gefunden haben, was ich gefunden habe.

Es ist keine Frage von Intelligenz, von Talent, von Genie – es ist nur eine Frage von Geduld.

Du bekommst also vom Universitätsinstitut für Meditation ein Zeugnis – das Meditationsexamen. Erst dann machst du dein Examen in Geisteswissenschaften oder Volkswirtschaft oder Naturwissenschaft, nicht vorher. Und genauso mit dem zweiten Examen; zuerst legst du es in Meditation ab – aber dafür mußt du zwei Jahre mit dem Deprogrammierungsinstitut weitermachen, weil man dich nicht so leicht laufen lassen darf.

Diese Prozesse laufen gleichzeitig ab – Deprogrammieren und Meditieren. Das eine Institut reinigt dich immer weiter, macht dich immer leerer; das andere füllt dich immer mehr – nicht mit einer Sache, sondern mit einer Qualität: Seligkeit; eine liebevolle Art, Mitgefühl; ein ungeheures Wertgefühl, ohne jeden Grund. Einfach nur daß du lebst, atmest, ist Beweis genug, daß die Existenz dich für wert hält, dazusein.

Du bist der Existenz unentbehrlich.

Wenn also jemand an der Universität weiterstudiert, besucht er auch weiterhin das Institut für Meditation, eine Stunde täglich. Und bevor er seinen M.A., seinen Magister Artium bekommt, macht er erst seinen M.M., den Magister der Meditation. Dies sind Zulassungs-Zeugnisse für das Magister-Examen. Und ich möchte, daß es so weitergeht: Wenn du promovieren willst, dann machst du noch drei Jahre Deprogrammierung und drei Jahre Meditation. Das sind Pflichtfächer bis zum Schluß, so daß du, wenn du die Universität verläßt, nicht nur ein intelligenter Mensch bist, bestens informiert, sondern auch ein Meditierer – entspannt, behutsam,

Während deiner Ausbildung wirst du auf eine sehr stille und unmerkliche Art darauf vorbereitet, Macht auszuüben, aber so, daß die Macht dich nicht korrumpieren kann, daß du sie nicht mißbrauchen kannst.

---

friedlich, alles wahrnehmend, aufmerksam, intuitiv. Und du bist dann auch kein Christ mehr, kein Hindu mehr, kein Amerikaner mehr, kein Russe mehr. All das ist zu Asche geworden, nichts davon ist mehr übrig.

Das ist der einzige Weg, die Politiker durch die Intelligenz abzulösen. Aber so, wie die Intelligenz jetzt ist, wird sie nicht viel nützen, weil diese Leute noch immer in den Krallen der Machtpolitik sind.

Genau deshalb mache ich diese beiden Bedingungen. Wenn du einen Doktor machen willst, wirst du auch einen Doktortitel in Meditation haben müssen. Während deiner Ausbildung wirst du auf eine sehr stille und unmerkliche Art darauf vorbereitet, Macht auszuüben, aber so, daß die Macht dich nicht korrumpieren kann, daß du sie nicht mißbrauchen kannst.

DIE ALTERNATIVE: MEDITATION ODER TOD

DIE STRUKTUR DER GESELLSCHAFT verändern zu wollen, erscheint utopisch. Wer soll es tun? Wie soll es geschehen? Wie wollen wir eine Realität daraus machen?

Es ist utopisch, aber die Situation ist so, daß die Politiker euch binnen der nächsten zwölf Jahre an den Rand des Todes bringen werden. Dann werdet ihr wählen müssen; und wenn es soweit ist, wenn ihr zwischen Tod und Meditation wählen müßt, dann werdet ihr, denke ich, die Meditation wählen – werdet ihr nicht den Tod wählen.

Die Politiker haben die gesamte Menschheit vor diese Herausforderung gestellt. In gewisser Weise sollten wir diesen Idioten dankbar sein. Sie haben die gesamte Menschheit an den Punkt gezerrt, wo die Menschheit entscheiden muß: „Jetzt können wir entweder leben, oder diese Politiker können an der Macht bleiben – beides zugleich ist nicht möglich."

Die Politiker bringen euch an diesen Punkt; sie haben euch bereits dorthin gebracht.

Darum sage ich, daß die Universitäten jetzt kühner, mutiger, einiger werden müssen, und sie müssen die gesamte Intelligenz um sich versammeln – was nicht schwer ist; denn ich habe überall auf der Welt gesehen, daß jeder intelligente Mensch, gleich welcher Richtung, gegen diese politischen Tröpfe ist. Aber niemand kann allein etwas ausrichten. Was kann er tun? Und er sieht nicht, daß es irgendwo eine Alternative gibt.

Ich wundere mich, warum ihr nirgends eine Alternative seht, wo ihr doch so viele Universitäten mit großem Prestige habt. Oxford zum Beispiel hat genug Mut bewiesen, einer Margaret Thatcher den Ehrendoktor zu verweigern. Warum sollte eine Universität wie Oxford – die angesehen und alt genug und in der ganzen Welt respektiert ist – nicht als erste diese Konventionen einberufen? Warum sollte Oxford nicht der Nabel einer neuen Macht werden – der Macht der Intelligenz?

Eines möchte ich noch hinzufügen: schließt die Priester aus, den Papst, denn das religiöse Establishment hat seit jeher das politische Establishment unterstützt. Sie stecken tief unter einer Decke, sie unterstützen

> **Und wenn die ganze Regierung meditativ,
> deprogrammiert, vorurteilslos ist –
> stellt euch das nur einmal vor! –
> dann verschwindet alle Bürokratie,
> verschwindet alle Hierarchie; dann können Dinge,
> die sonst Jahre dauern, in Sekunden erledigt werden.**

einander. Und sie unterstützen einander auf so absurde Weise, daß man nicht weiß, was hinten und was vorne ist.

All diese Bischöfe und Päpste müssen draußen bleiben. Sie haben nichts damit zu schaffen. Wir müssen sie draußenlassen; denn wir wollen deprogrammieren, und dies Deprogrammieren ist mit das Wichtigste, was wir vorhaben. Andernfalls ist die Welt nicht zu retten.

Ich verlange nicht viel – nur eine achtjährige Vorbereitungszeit, parallel zur Ausbildung. Und wenn die ganze Regierung meditativ, deprogrammiert, vorurteilslos ist – stellt euch das nur einmal vor! – dann verschwindet alle Bürokratie, verschwindet alle Hierarchie; dann können Dinge, die sonst Jahre dauern, in Sekunden erledigt werden.

WISSENSCHAFT IM DIENSTE DER KREATIVITÄT

WIR HABEN ES MIT RELIGION versucht und sind gescheitert. Wir haben es mit Politik versucht und sind gescheitert. Jetzt müssen wir es mit der Wissenschaft versuchen. Gebt ihr eine Chance, denn in dreihundert Jahren hat sie mehr Fortschritte gemacht, als die Menschheit in ihrer gesamten Geschichte von Jahrhunderttausenden.

Somit schlage ich euch vor, daß die ganze Welt eine gemeinsame Akademie der Wissenschaften haben sollte, damit es keinen russischen Wissenschaftler, keinen amerikanischen Wissenschaftler, keinen hinduistischen Wissenschaftler, keinen christlichen Wissenschaftler mehr gibt – all das ist vorbei. Diese Akademie wird alle Genies der Welt in sich vereinen.

Die Wissenschaft hat eine solche Komplexität entwickelt, daß es für individuelle Wissenschaftler nicht mehr möglich ist, allein zu arbeiten. Sie brauchen ungeheure Unterstützung seitens der Politiker. Ihre Forschungsprojekte sind so teuer, daß nur Regierungen sehr reicher Länder sie sich leisten können. Damit ist der Wissenschaftler den Politikern als ahnungsloses Opfer in die Hände gefallen.

Jetzt arbeitet er als Diener des Nationalismus, des Kommunismus, des Faschismus, des Kapitalismus – er ist kein unabhängiger Sucher mehr, er ist ein Rädchen in irgendeiner politischen Ideologie. Er arbeitet und macht Entdeckungen, aber er hat keinerlei Kontrolle über seine eigenen Entdeckungen. Die Kontrolle liegt in den Händen der Politiker. Sie entscheiden, in welche Richtung er zu forschen hat; andernfalls werden sie seinem Projekt die finanzielle Unterstützung versagen.

Das läßt sich nur dann ändern, wenn zwei Dinge zur Wissenschaft hinzukommen. Das eine ist, daß sie nicht bei der rein objektiven Forschung stehenbleiben darf, sondern auch die subjektiven Türen des Bewußtseins öffnen sollte. Der Wissenschaftler sollte nicht mehr nur an Objekten weiterarbeiten – er muß auch am Wissenschaftler selbst arbeiten.

Bisher hat er sein eigenes Bewußtsein geleugnet. Das ist eine so absurde Einstellung, so unlogisch und so unwissenschaftlich, daß sie den Wissen-

**Der Wissenschaftler wird nur dann
gegen die Politiker revoltieren,
wenn die Dimension der Meditation
seiner Forschung, seiner Arbeit hinzugefügt wird.**

schaftler eher in die Nachbarschaft der abergläubischen sogenannten Religionen stellt. Die Religionen glauben blind an einen Gott, über den sie nichts wissen, und der Wissenschaftler weigert sich strikt, an sich selber zu glauben. Dieser Aberglaube ist ungeheuerlich, unglaublich. Wenn da niemand in deinem Inneren ist, wenn es in dir kein Bewußtsein gibt, wer ist es dann, der die Geheimnisse der Materie, der Natur und des Lebens entdeckt? Bis auf den heutigen Tag hat sich die Wissenschaft in diesem Punkt wie ein alter Aberglaube verhalten. Sie hat sich benommen wie die Religionen.

Solange die Naturwissenschaft nicht auch die Dimension der eigenen Innerlichkeit erschließt, wird sie kein umfassendes Fach sein, kein ganzes Fach, wird sie einseitig bleiben, wird ihr Blickwinkel nur die halbe Wahrheit erfassen.

Die Naturwissenschaft wird ungeheuer an Bedeutung gewinnen, wenn sie die Subjektivität hinzuzieht, wenn sie zu den Methoden der Konzentration die Methoden der Meditation hinzufügt.

Die Methoden der Konzentration führen nach außen, sie sind extrovertiert. Naturwissenschaft erfordert einen Geist, der die Fähigkeit hat sich zu konzentrieren. Meditation erfordert die Fähigkeit, den Verstand hinter sich zu lassen, ins Schweigen einzutreten, bedingungslos zu einem reinen Nichts zu werden.

Solange die Naturwissenschaft Meditation nicht als stichhaltige Forschungsmethode anerkennt, wird sie eine halbherzige Forschung bleiben; und ihre Halbherzigkeit macht sie gefährlich, denn so kann sie leicht den Zwecken des Todes dienen – weil ihr das Bewußtsein nichts bedeutet, sondern nur die tote Materie. Also ist es egal, ob Nagasaki passiert oder Hiroshima passiert oder ob gar der ganze Erdball Selbstmord begeht. Es ist egal, denn alles ist Materie – es gibt kein Bewußtsein! Nichts geht verloren.

Der Wissenschaftler wird nur dann gegen die Politiker revoltieren, wenn die Dimension der Meditation seiner Forschung, seiner Arbeit hinzugefügt wird.

Der Naturwissenschaftler muß sich darauf besinnen, daß er nicht dem Tod dienen darf – koste es, was es wolle.

Zweitens muß der Wissenschaftler sich heute daran erinnern, daß er den Politikern selbstzerstörerische Atomwaffen liefert. Er vergeht sich gegen die Menschheit, er vergeht sich gegen den neuen Menschen, die neue Menschheit. Er vergeht sich gegen seine eigenen Kinder. Er sät die Saat des Todes aller.

Es ist Zeit, daß die Naturwissenschaftler unterscheiden lernen zwischen dem, was dem Leben hilft, und dem, was das Leben zerstört. Nur ihren Gehältern und Bequemlichkeiten zuliebe sollten sie nicht wie die Sklaven und Roboter weitermachen und für einen Krieg und eine Zerstörung von nie dagewesenen Ausmaßen arbeiten.

Auch der Naturwissenschaftler muß jetzt ein Revolutionär werden. Er muß in erster Linie ein spiritueller Sucher sein, und in zweiter Linie muß er ein Revolutionär sein.

Der Naturwissenschaftler muß sich darauf besinnen, daß er nicht dem Tod dienen darf – koste es, was es wolle. Er darf nicht der Richtung der Politiker folgen, er muß selbst entscheiden, was der Umwelt hilft, was einem besseren Leben, einem schöneren Dasein dienlich ist. Und er muß die Politiker anprangern, wenn sie ihn zwingen, im Dienst des Todes zu arbeiten. Er muß sich total verweigern, egal wo – in der Sowjetunion, in Amerika, in China, in jedem Land, überall auf der Welt. Die Naturwissenschaftler brauchen einen eigenen, weltweiten Verband, der darüber bestimmen kann, welche Forschungsprojekte in Angriff genommen und welche fallengelassen werden sollen.

Genauso, wie einst die Wissenschaftler gegen die Religion und ihre Diktate revoltiert haben, müssen sie auch heute wieder revoltieren – gegen die Politiker und deren Diktate. Die Wissenschaftler müssen auf eigenen Füßen stehen und absolut klar zu verstehen geben, daß sie sich nicht werden ausbeuten lassen. Sie werden überall ausgebeutet. Nur weil man ihnen Nobelpreise und große Ehren verleiht, sind sie bereit, die ganze Menschheit für ihre Nobelpreise, für all ihre stupiden Auszeichnungen aufzuopfern. Sie dürfen sich nicht länger wie Kinder benehmen. Diese

...so erkenne ich zwei Dimensionen für die Wissenschaft: die niedere Dimension arbeitet an Objekten, und die höhere Dimension arbeitet am Bewußtsein.

Auszeichnungen und diese Preise und diese angesehenen Posten sind alles nur Spielzeuge, um sie zum Narren zu halten. Wenn das Haus in Flammen steht, dann bleibt nicht drin und spielt mit Kinderkram – macht, daß ihr raus kommt!

Ich möchte, daß alle intelligenten Menschen auf der ganzen Welt einen Aufruhr gegen Wissenschaftler entfachen, die Regierungen und Politikern dabei helfen, Kriegsmaschinerien herzustellen. Die Massen müssen gegen diese Wissenschaftler alarmiert werden – sie sind jetzt die größte Gefahr, und ihre Verknüpfung mit den Politikern muß gebrochen werden.

Die Wissenschaftler brauchen dringend einen Anreiz zur Meditation. Nur dann werden sie in der Lage sein zu erkennen, was sie schon alles gegen die Zukunft der Menschheit angerichtet haben. Sie zerstören alle Hoffnung, während sie mit der gleichen Intelligenz ein Paradies auf Erden hätten schaffen können, für den neuen Menschen, für ihre Kinder und Kindeskinder – auf daß sie in einer besseren Welt leben, mit mehr Gesundheit, mit mehr Liebe, mit mehr Bewußtsein.

Die Wissenschaft muß spirituell werden. Sie darf nicht all ihre Energien an die äußere Welt verpuffen, sondern muß zu den Schätzen unseres inneren Seins vordringen. Ihr Potential ist groß, aber dieses Potential wird noch nicht genutzt. Genauso, wie sie erfolgreich bis in das Herz der Materie hat vordringen können, hat sie auch die Fähigkeit, bis ins geheime Herz des Bewußtseins vorzudringen. Dann wird sie ein großer Segen, eine ungeheure Wohltat sein.

Was also mich betrifft, und was meine Vision von einer neuen Menschheit betrifft, so erkenne ich zwei Dimensionen für die Wissenschaft: die niedere Dimension arbeitet an Objekten, und die höhere Dimension arbeitet am Bewußtsein. Die niedere Dimension ist als Diener der höheren Dimension zu verstehen. Dann ist weiter keine Religion nötig, dann erfüllt die Wissenschaft alle Bedürfnisse des Menschen total.

Albert Einstein hat, bevor er starb, gesagt: „Wenn ich gewußt hätte, daß das Resultat meiner Kreativität, ja meines ganzen Lebenswerkes die

**Einstein hatte das halbe Geheimnis entdeckt –
sozusagen die tote Urzelle der Dinge, das Atom.
Die andere Hälfte ist ist die lebendige Zelle
im menschlichen Körper.**

Atombombe sein würde, dann wäre ich niemals Physiker geworden. Und wenn es für mich noch ein Leben geben sollte, dann bete ich zu Gott: Bitte mach lieber einen Klempner als einen Physiker aus mir."

Ganz gewiß war seine Leistung – ein gewaltiger Schöpfungsakt – ohnegleichen in der gesamten Geschichte der Menschheit. Er war zum Verständnis eines der geheimnisvollsten Dinge der objektiven Welt vorgedrungen. Ja, er hatte das halbe Geheimnis entdeckt – sozusagen die tote Urzelle der Dinge, das Atom. Die andere Hälfte ist die lebendige Zelle im menschlichen Körper.

Durch die Spaltung des Atoms wird eine so enorme Energie geschaffen... durch die Spaltung eines so kleinen Atoms! Man kann es nicht mit bloßem Auge sehen, noch kann man es mit irgendwelchen technischen Mitteln sehen: es läßt sich nur erschließen, es ist eine Sache der reinen Berechnung. Es ist nur ein fiktiver Begriff – man kann nicht den Finger darauf legen, wo es genau ist, was es genau ist. Richtig, man hat all seine Eigenschaften beschrieben, man hat Beschreibungen geliefert, aber das sind alles nur Rückschlüsse. Aber weil sie funktionieren, werden sie alle als wahr akzeptiert – was aber nicht heißt, daß wir dem Atom von Angesicht zu Angesicht begegnet wären.

Aber die eine Hälfte des Mysteriums verstanden zu haben – die der objektiven Welt –, ist die bisher größte Leistung des Menschen, seiner Kreativität, seines Erfindungsreichtums, seines Genies. Ganz gewiß wird die andere Hälfte sehr viel schwieriger sein. Aber früher oder später wird es auch in unserem Verständnis von den Geheimnissen der lebenden Zelle zu einer Explosion kommen. Das wird ein Tag großer Freude sein, denn danach können wir den Menschen – sein Leben, seinen Geist, sein Genie, sein Alter, seine Krankheit, seine Augenfarbe, seine Haarfarbe, seine Größe, sein Gewicht programmieren, kann alles bis in die Einzelheiten programmiert werden. Sobald wir alle Mysterien der lebenden Zelle kennen, kann ihr jedes Programm eingegeben werden.

Aber wer weiß, ob diese gewaltige kreative Möglichkeit nicht ebenfalls

*Die Vergangenheit hat nichts anderes getan,
als den Menschen auszubeuten,
ohne je an die Zukunft zu denken.
Unsere Denkstrukturen sind altmodisch,
und die gegenwärtige Situation ist völlig neu.*

---

so benutzt werden wird, wie die Atomforschung benutzt worden ist? Wenn wir auf dem gleichen Weg weitergehen wie bisher, dann wird es höchstwahrscheinlich so kommen; denn die Menschen, die an der Macht sind, würden den Menschen gern nach ihren Wünschen programmieren, und sie werden sich eine solche Gelegenheit nicht entgehen lassen. Dies ist die Chance, auf die sie schon immer gehofft haben – seit Jahrtausenden. Dies ist ihre große Chance, eine größere kann es gar nicht geben.

Sobald sie den Menschen programmieren können, ist Schluß mit jeglicher Revolution, Unabhängigkeit, Individualität, mit Unruhen, Streiks, mit allem. Der Mensch ist dann Roboter.

Die Vergangenheit hat nichts anderes getan, als den Menschen auszubeuten, ohne je an die Zukunft zu denken. Unsere Denkstrukturen sind altmodisch, und die gegenwärtige Situation ist völlig neu. Es ist unmöglich, gegenwärtige Probleme mit altmodischen Vorstellungen zu lösen.

Wenn die Politiker Experimente mit menschlichem Leben vornehmen, oder wenn die sogenannten Religionen es tun, dann ist es gegen die Natur – sie können nichts Natürliches tun. Aber wenn es durch eine internationale Akademie von Wissenschaftlern geschieht – ich sage: *internationale Akademie von Wissenschaftlern* – dann kann es ein ungeheurer, progressiver Schritt sein, und es wird nicht gegen die Natur sein, sondern ein Wachstumsschritt der Natur.

Was gebraucht wird, ist nur ein großes Erwachen – der Wissenschaftler muß seine Verantwortung erkennen... daß er fast zu einem Gott geworden ist; daß er entweder kreativ oder destruktiv sein kann. Er muß daran erinnert werden, daß er nicht mehr der alte Wissenschaftler aus den Zeiten Galileis ist, der einfach nur in seinem eigenen Haus arbeitet, mit ein paar Röhren und ein paar Fläschchen, der nur ein paar Chemikalien mischt und seine Experimente macht. Die Zeiten sind vorbei. Jetzt hat er die Macht, alles Leben dieser Erde zu zerstören – oder ein Leben zu schaffen, das so schön und so selig ist, wie es sich der Mensch nur immer im Himmel vorgestellt hat.

**Wenn die Wissenschaft erst einmal
ihre Einstellung ändert und aufhört,
den Politikern Hilfestellung zum Krieg zu leisten,
wird soviel Energie frei...**

Es kann *hier* möglich werden. Ein paar kleine Gruppen von Wissenschaftlern haben angefangen, in dieser Richtung zu arbeiten. Niemand glaubt ihnen. Japan hat eine künstliche Insel gebaut; denn in Japan ist das Land so knapp geworden, daß es allmählich unmöglich wird, Industrien zu expandieren. Japan ist heute das reichste Land der Welt. Es braucht immer mehr Land. Die alte Methode ist, irgendein anderes Land zu erobern. Das ist nicht mehr möglich. Die Angst vor einem dritten Weltkrieg überschattet alle.

Japan hat eine künstliche Insel gebaut, die für industrielle Entwicklung genutzt werden soll. Sie wird auf dem Meer treiben. Wenn das gelingt – immer mehr künstliche Inseln – dann wird Japan mehr „Erde" erschaffen, als der liebe Gott in seinen sechs Tagen! Die Wissenschaft hat ungeheure Möglichkeiten, sobald sie nicht mehr dem Tod dient. Sie kann ganze Städte auf dem Meer treiben lassen! Japan hat ebenfalls mit Erfolg versucht, Untergrundstädte zu bauen; denn warum an der alten Vorstellung festhalten, daß man über der Erde wohnen muß? Wohnt unter der Erde! Dort ist es friedlicher, und ihr könnt für die richtige Art Licht, den richtigen Sauerstoff sorgen – denn all das hat der Wissenschaftler in der Hand.

Genauso wie Untergrundstädte möglich sind, wie Städte auf dem Meer möglich sind, sind auch Städte unter dem Meer möglich, sind fliegende Städte möglich... Wenn die Wissenschaft erst einmal ihre Einstellung ändert und aufhört, den Politikern Hilfestellung zum Krieg zu leisten, wird soviel Energie frei, daß die Wissenschaftler all diese Dinge bewerkstelligen können.

Für mich ist das alles nahezu vorhersagbar. Es wird so kommen, denn die Erde wird zuviel Bevölkerung haben. Sie ist bereits bei fünf Milliarden Menschen angelangt, und bis zum Jahre 2010 wird sie sich fast verdoppelt haben. Eine Bevölkerung von zehn Milliarden Menschen? – unsere arme Erde, die seit Jahrhunderten ausgebeutet worden ist, wird nicht so viele ernähren können. Ihr werdet neue Gemüsearten, neue Nahrungsmittel, vielleicht künstliche Nahrungsmittel erzeugen müssen. In der Sowjetunion

**Die Wissenschaftler
sind die wichtigsten Menschen
für das Überleben der Menschheit.**

kennt man bereits neue Früchte, die Gott seinerzeit nicht in den besagten sechs Tagen erschaffen hat. Genauso wie man Tiere durch Kreuzung züchten kann, züchten sie dort neues Obst, indem sie Bäume kreuzen, und geben ihnen den richtigen Geschmack, den richtigen Saft... Früchte, die der Mensch noch nie gegessen hat!

Allen und jedem muß klar gemacht werden, daß alles, was die Wissenschaft bisher getan hat, einen kritischen Augenblick im Leben unseres Planeten heraufbeschworen hat – und daß nur die Wissenschaft den Schaden wiedergutmachen kann.

Zum Beispiel das Problem der Umweltverschmutzung und der Zerstörung der Ozonschicht – dafür ist die Wissenschaft verantwortlich, und nur die Wissenschaft kann es lösen. Es lassen sich neue Methoden entwickeln, die die Ozonschicht nicht zerstören, oder die den Glashauseffekt nicht auslösen. Wenn das unmöglich ist, dann sollten die Industrien, die den Schaden anrichten, geschlossen und ihre Produkte durch etwas anderes ersetzt werden. Aber dies alles muß durch die Wissenschaft geschehen. Es hat keinen Zweck, die Wissenschaft zu verdammen, denn sie hat uns eine bessere Gesundheit und bessere Medizin beschert, und sie hat Millionen Kindern das Leben gerettet, die sonst gestorben wären... Und es gibt Hunderte von Erfindungen, die zwar gekauft, aber nie vermarktet wurden – gekauft nur deswegen, um die Vermarktung zu verhindern; denn diese Erfindungen waren nicht im Interesse der etablierten Mächte. Wenn es erst einmal eine Weltregierung gibt, kann alles völlig anders geregelt werden. Die Wissenschaft hat große Möglichkeiten. Wir waren bisher nur noch nicht fähig, diese Möglichkeiten zu nutzen.

Eine große Revolution steht an. Genauso, wie die Wissenschaftler einst gegen die Religion revoltiert haben, gegen die Religion gekämpft haben, müssen sie jetzt gegen die Politik kämpfen, gegen den Nationalismus. Ihre Verantwortung ist riesig. Der neue Mensch ist auf sie und ihre Revolution angewiesen. Die Wissenschaftler sind die wichtigsten Menschen für das Überleben der Menschheit.

GEBURTENKONTROLLE UND GENTECHNIK

GEBURTENKONTROLLE sollte als absolutes Prinzip gelten und die Gesundheitsbehörden sollten entscheiden, wie viele neue Menschen wir jedes Jahr brauchen. Somit dürften nur ganz wenige Menschen Kinder zur Welt bringen, und selbst dies sollte durch künstliche Befruchtung geschehen, damit es zu einer wissenschaftlichen Verbindung zwischen dem besten Mutterei und dem besten Spermium kommt.

Bisher ist die Pille, die die Frau einnimmt, noch nicht hundertprozentig sicher: sie muß sie jeden Tag nehmen. Wenn sie einen Tag ausläßt, besteht die Möglichkeit, daß die Pille nicht wirkt. Dann taucht plötzlich der Mann auf, oder der Mann ist plötzlich weg... beides ist möglich, und dann bietet sich die Gelegenheit zur Liebe, und der Verstand sucht gern Ausflüchte. Der Verstand denkt einfach: „Du wirst schließlich nicht jedesmal schwanger." Beim normalen Verlauf seines Sexuallebens hat der Mann mindestens viertausendmal Geschlechtsverkehr – das ist die Norm. Ich rede nicht von Sex-Manikern, hier ist die Rede vom durchschnittlichen Angestellten. Viertausendmal, das bedeutet Milliarden potentieller Menschen. Die Schöpfung gibt wahrhaft im Überfluß. Der Mann hat vielleicht nur zwei oder drei Kinder von diesen Milliarden; diese Milliarden könnten die ganze Erde bevölkern!

Heute hat man zwei weitere Pillen entwickelt. Die erste Pille, die entwickelt wurde, war eine große Revolution, weil sie die Frauen davor schützte, schwanger zu werden. In der Vergangenheit bestand das ganze Leben einer Frau nur darin, eine Fabrik zur Erzeugung von Kindern zu sein. Sie war ununterbrochen schwanger. Ihr Leben war kaum mehr als das Leben einer Kuh. Die erste Pille schützte sie also davor, schwanger zu werden, war aber nicht hundertprozentig sicher.

Die zweite Pille ist eine weit größere Revolution, weil sie nach der Liebe eingenommen wird. Die erste mußte jeden Tag genommen werden; die zweite ist ein größerer Fortschritt, weil ihr euch jetzt keine Sorgen mehr zu machen braucht: ihr könnt lieben, wen ihr wollt, wann immer sich die Gelegenheit bietet, und nachher die Pille einnehmen.

Bis heute hat sich die Menschheit mit dem zufälligen Kinderkriegen abfinden müssen. Heute hat es uns die Wissenschaft möglich gemacht, uns dagegen zu schützen, und die Gentechnik wird die wichtigste Wissenschaft der Zukunft sein.

Die dritte Pille, die jetzt entwickelt wird, ist noch bedeutsamer: nicht die Frau braucht sie einzunehmen – der Mann nimmt sie ein.

Wenn man sich dieser drei Pillen bedient, läßt sich jede zufällige Geburt ausschließen. Sex wird etwas rein Spielerisches, verliert all das Ernsthafte, das ihm früher angehaftet hat.

Die Bevölkerung muß reduziert werden, wenn der Mensch existieren will, wenn er seine Würde, Ehre und sein Recht auf Leben erhalten will.

Bis heute hat sich die Menschheit mit dem zufälligen Kinderkriegen abfinden müssen. Heute hat es uns die Wissenschaft möglich gemacht, uns dagegen zu schützen, und die Gentechnik wird die wichtigste Wissenschaft der Zukunft sein.

Genauso wie wir Blut-Banken haben, sollte jedes Krankenhaus auch Samen-Banken haben. Und eine Ei-Bank läßt sich so leicht einrichten wie eine Samen-Bank.

Jeder, der an Kindern interessiert ist, kann zum wissenschaftlichen Labor gehen und sein Sperma stiften, und das Labor sollte entscheiden, wer die Mutter deines Kindes sein soll. Es braucht nicht deine Frau zu sein; Beziehung hat nichts damit zu tun. Du liebst deine Frau, deine Frau liebt dich, aber das heißt nicht, daß man das Risiko eingehen sollte, die Welt mit einem verkrüppelten, blinden Kind zu belasten. Diese Erlaubnis hat euch die Existenz nicht gegeben. Warum bürdet ihr euch eine so unverantwortliche Last auf – und dazu der ganzen Menschheit? Wenn ihr ein Kind auf die Welt bringt, das verkrüppelt oder retardiert oder wahnsinnig oder stumpfsinnig ist, und das dann wieder andere Kinder zeugt... genau deshalb ja bleiben die Idioten immer in der Mehrheit auf der Welt! Alle Religionen werden gegen mich sein, aber das macht nichts, sie sind schon mein ganzes Leben lang gegen mich gewesen. Jedenfalls schlage ich vor, daß jeder Mann, der Kinder möchte, sein Spermium einem Krankenhaus spenden sollte, und daß ein wissenschaftliches Medizinergremium ausarbeiten sollte, welche Anlagen in diesen Sperma und in den Eiern der Frau stecken.

**Künstliche Besamung ist die einzige
wissenschaftliche Methode,
um das beste Kind zu finden.
„Ich bin der Vater" – diese alte Vorstellung
müssen wir aufgeben. Wir müssen umlernen:
„Ich habe das beste Kind ausgesucht".**

In dieser einen Million Spermien können große Wissenschaftler stecken, wie Albert Einstein, große Musiker wie Yehudi Menuhin, große Tänzer wie Nijinsky, große Philosophen wie Friedrich Nietzsche, große Romanciers wie Fjodor Dostojewski. Sie können isoliert werden, und die Eltern können wählen, was sie wollen. Wenn euch die großen Diamanten zur Wahl stehen, warum sich dann mit bunten Kieseln begnügen? Und wenn ihr die Wahl habt, warum dann den Zufall walten lassen?

Sie können sich, wenn sie wollen, einen Henry Ford aussuchen, der großen Reichtum schafft. Geld ist eine Kunst und hat seine Genies, wie alles andere auch. Nicht jeder kann ein Henry Ford sein!

Wenn ihr möchtet, daß euer Kind ein Gautam Buddha wird, dann müßt ihr prüfen, je nach der genetischen Analyse, welches Spermium die Anlage hat, ein Mystiker zu sein. Das Spermium muß injiziert werden, damit es sich nicht mit allen möglichen anderen Burschen auf einen Massenwettlauf einlassen muß. Und für die Eltern wird Sex, weil das Kinderkriegen nichts mehr mit Sex zu tun hat, zu einem reinen Vergnügen, unbelastet von Verantwortung, von Gefahr.

Künstliche Besamung ist die einzige wissenschaftliche Methode, um das beste Kind zu finden. „Ich bin der Vater" – diese alte Vorstellung müssen wir aufgeben. Wir müssen umlernen: „Ich habe das beste Kind ausgesucht" – *das* sollte der Stolz des Mannes sein. Alle Werte müssen auf diese Art umgewertet werden.

Du weißt nicht, was du in deinen Genen enthältst; du weißt nicht, was dein Potential ist, welcher Art von Kind du das Leben schenken wirst. Du liebst die Frau; daran ist nichts verkehrt – in der Liebe solltest du absolut frei wählen, das ist dein Geburtsrecht. Du liebst die Frau, aber nicht jede Frau braucht Mutter zu werden. Nicht jeder Mann braucht Vater zu werden.

Du möchtest ein Kind, und wenn du wirklich von Herzen ein Kind willst, möchtest du das bestmögliche Kind. Wer also den Samen dazugibt und wer den Uterus dazugibt, sollte nicht deine Sorge sein. Deine Sorge sollte sein, das bestmögliche Kind zu bekommen.

Es liegt an uns, ob die ganze Welt voller Genies, talentierter Menschen, gesunder Menschen sein wird.

Ein Kind sollte von dem Moment an als Mensch gelten, in dem es geboren wird – und selbst da mache ich einige Einschränkungen. Wenn ein Kind blind oder verkrüppelt geboren wird, wenn ein Kind taub oder stumm geboren wird, und wir gar nichts machen können.... Nur weil Leben nicht zerstört werden darf, wird dieses Kind leiden müssen, nur euren törichten Vorstellungen zuliebe, siebzig, achtzig Jahre lang. Warum unnötiges Leiden verursachen? Wenn die Eltern willens sind, sollte das Kind in ewigen Schlaf geschickt werden. Und es ist gar kein Problem dabei: nur der Körper löst sich wieder in die Elemente auf, die Seele sucht sich einen anderen Mutterschoß. Nichts wird zerstört.

Wenn du das Kind wirklich liebst, wirst du nicht wollen, daß es ein Leben von siebzig Jahren im Elend verbringt, in Leid und Krankheit und Alter. Selbst also wenn ein Kind schon geboren ist, und es medizinisch nicht in der Lage ist, das Leben voll zu genießen, mit allen Sinnen, in aller Gesundheit, dann ist es besser, daß es in ewigen Schlaf versinkt und irgendwo anders mit einem besseren Körper wiedergeboren wird.

Nach und nach enträtselt heute die Wissenschaft das Programm von Spermium und Ei. Sie macht Fortschritte, aber hierauf sollte unser ganzes Augenmerk liegen. Wenn wir alles über das Spermium und das Ei wissen, dann läßt sich nicht nur die Bevölkerung verringern, sondern die Qualität der Menschen hundertfach verbessern. Wir haben keine Ahnung, wieviele Genies den Bach hinunter gehen. Die Welt kann voll von Genies aller Art sein – wir haben die Wahl. In der Vergangenheit waren sie nur die Ausnahme, nur Zufall. Aber in Zukunft können wir sichergehen.

Es liegt an uns, ob die ganze Welt voller Genies, talentierter Menschen, gesunder Menschen sein wird.

Ich schlage vor, weltweit Lobbies einzurichten, die sich für ein besseres Verständnis genetischer Programme einsetzen sollen. Der Mensch hat schon den Mond erreicht, aber er hat sich noch keine große Mühe gemacht, genetische Programme zu verstehen. Die Gründe sind einfach – weil alle eingefleischten Interessen, alle Religionen bedroht sind. Sie

Verbrecher lassen sich vermeiden.
Politiker lassen sich vermeiden.
Priester lassen sich vermeiden,
Mörder lassen sich vermeiden,
Triebtäter lassen sich vermeiden,
Gewaltmenschen lassen sich vermeiden.

---

wissen, daß das Alte nicht fortbestehen kann, sobald das Programm der Gene enträtselt worden ist.

Es muß viel mehr Wert auf die Frage gelegt werden, wie wir das Programm auch ändern können. Wir erfahren heute viel über Gesundheit, Krankheiten, Alter, Pigmente. Zu allererst sollten wir in Erfahrung bringen, wie man die Programme ändert. Der eine mag zum Beispiel das Gehirn eines Nobelpreisträgers haben, aber der Körper ist krank. Er mag nicht in der Lage sein, sein Gehirn zu gebrauchen, wenn der Körper ihn nicht unterstützt – es sei denn, wir können das Programm ändern. Wenn wir erst einmal wissen, wie sich das Programm ändern läßt, eröffnen sich tausend Möglichkeiten. Wir können jedem Mann und jeder Frau das Beste von allem mitgeben. Es ist nicht nötig, daß irgendwer unnötig leidet. Schwachsinn, Verkrüppelung, Blindheit, Häßlichkeit – all diese Dinge werden sich ändern lassen.

Verbrecher lassen sich vermeiden. Politiker lassen sich vermeiden. Priester lassen sich vermeiden, Mörder lassen sich vermeiden, Triebtäter lassen sich vermeiden, Gewaltmenschen lassen sich vermeiden. Oder wenn irgendeine gute Eigenschaft in ihnen steckt, läßt sich ihr genetisches Programm ändern. Ihre Gewalttätigkeit kann beseitigt werden – statt daß man den Leuten predigt, keine Gewalt zu gebrauchen, keine Diebe zu sein, keine Verbrecher zu sein.

In Zukunft wird es auch möglich sein, Alter ganz zu vermeiden. Der Mensch kann bis zum Augenblick des Todes jung bleiben.

Wissenschaftlichen Berechnungen nach kann der Mensch in seinem gegenwärtigen Körper mindestens dreihundert Jahre lang leben – einfach nur die richtige Ernährung, die richtige ärztliche Fürsorge, die richtige ökologische Umwelt, und die Menschen können dreihundert Jahre lang leben.

Ich kann mir nicht einmal vorstellen, was für Schätze gehoben werden könnten, wenn ein Gautam Buddha dreihundert Jahre lang leben würde, wenn ein Albert Einstein dreihundert Jahre lang leben würde, ein Bertrand Russell dreihundert Jahre lang leben könnte. Bis heute war unsere

Ich bin also absolut für Methoden der Geburtenkontrolle und für Gentechnik – in den Händen einer internationalen Akademie der Wissenschaften.

Art zu leben reine Vergeudung. Menschen, die eine Erziehung genossen haben, die gebildet und kultiviert sind, werden alt und sterben mit siebzig. Und Neulinge, absolut ungebildet und barbarisch, kommen fortwährend aus den Mutterschößen...

Das ist keine sehr wissenschaftliche Art, die Welt einzurichten. Heute zwingen wir die Leute, sich zur Ruhe zu setzen – ausgerechnet diejenigen Leute, die Bescheid wissen. Und an deren Platz müßt ihr dann Leute stellen, die keine Ahnung haben. Das Leben der Menschen sollte verlängert werden, und die Geburtenkontrolle sollte strenger gehandhabt werden. Ein Kind sollte nur dann geboren werden, wenn wir bereit sind, einem Bertrand Russell zu erlauben, die Welt zu verlassen. Und es ist durchaus möglich, Ersatz zu finden, denn wir können das ganze Programm in den Genen lesen, alle Anlagen – ob es ein Maler vom Rang eines Picasso sein wird, oder ob es ein Dichter vom Genie eines Rabindranath Tagore sein wird, wie lang er leben wird, ob er gesund sein wird oder krank... Ich bin also absolut für Methoden der Geburtenkontrolle und für Gentechnik – in den Händen einer internationalen Akademie der Wissenschaften.

Aber mir ist klar, daß die Gentechnik von praktisch allen Seiten bekämpft werden wird. Ich möchte euch daran erinnern, daß jede Entwicklung, jeder evolutionäre Schritt im Leben der Menschheit am Anfang immer bekämpft worden ist, weil er angeblich „gegen die Natur" verstoße.

Alles Neue wird bekämpft. Zum Beispiel wird in Indien die Geburtenkontrolle von allen religiösen Führern bekämpft, mit dem Argument, sie sei nicht natürlich.

Es kann keine Rede davon sein, daß Genforschung unnatürlich ist. Die Angst kann ich verstehen, aber alles Neue *weckt* Angst. Und sobald ihr euch daran gewöhnt habt, vergeßt ihr völlig, daß es einmal einen Tag gab, als es etwas Neues war. Wißt ihr, daß niemand Glühbirnen haben wollte, als die Elektrizität erfunden wurde? Wer weiß, sie können ja platzen, das ganze Haus in Brand stecken! Heute habt ihr keine Angst mehr.

**Diese Frage taucht immer wieder auf:
daß es absolut gefährlich werden kann,
wenn die Kontrolle über die Gentechnik
in die Hände von Männern wie
Ronald Reagan fällt...**

Und ich weiß, daß bei der Genetik noch eine ganz andere Angst mitspielt, nämlich diese: Wer soll darüber wachen? Bei der Medizin habt ihr keine Angst, wer über sie wachen soll! Ihr vertraut dem Arzt – einem Arzt, von dem ihr keineswegs wißt, ob er euch nicht töten wird, ob er euch nicht betrügen wird, ob er eure Krankheit nicht so lange wie möglich hinziehen wird.

Mein Vorschlag ist denkbar einfach: daß eine Weltakademie hermuß mit Wissenschaftlern der verschiedensten Richtungen, und daß die Genetik zum allerwichtigsten Fach gemacht wird. Und man sollte den Wissenschaftlern vertrauen – es gibt keinen anderen Weg. Entweder müßt ihr einer blinden Kraft, der Biologie, vertrauen, oder ihr müßt einem menschlichen Wesen vertrauen, das wenigstens etwas bewußt ist, das seine Verantwortung kennt. Wenn ihr Kinder zeugt, fragt ihr euch auch nicht, wem ihr euch anvertraut, wer all diese Kinder schickt! Es ist eine blinde biologische Kraft – gewiß, sie ist natürlich, aber der Wissenschaftler ist ebenfalls natürlich. Und was immer er hervorbringt, ist von weit höherem Wert, weil es aus dem Bewußtsein kommt.

Und ich möchte Meditation zu einem absoluten Muß für alle Studenten machen, egal welches Fach sie studieren, damit ihr Bewußtsein immer reiner und klarer wird. Und aus dieser Klarheit heraus können wir eine schöne Welt erschaffen. Solche Wissenschaftler werden, wenn sie gleichzeitig Meditierer sind, keine Atombomben zur Vernichtung bauen. Vielleicht setzen sie die Atomenergie als Antrieb für Eisenbahnen ein, damit sie die Umwelt nicht verpesten, oder setzen diese Atomenergie in den Fabriken ein, damit sie die Umwelt nicht verpesten. Statt den Menschen zu töten, kann die gleiche Atomenergie zu einer enormen Hilfe werden, den Menschen und seine Zukunft zu retten.

Diese Frage taucht immer wieder auf: daß es absolut gefährlich werden kann, wenn die Kontrolle über die Gentechnik in die Hände von Männern wie Ronald Reagan fällt, und er dann entscheidet, was für Menschen produziert werden sollen. Aber wenn genau dieser Ronald Reagan heute

> **Mit einer einzigen Weltregierung, einem zusammenhängenden, weltweiten Erziehungssystem werden wir in der Lage sein, alle nur denkbaren Riegel vorzuschieben, um die Wissenschaft und ihre Erfindungen vor Mißbrauch zu bewahren.**

Charles Darwin und seine Theorien als Lehrstoff an Universitäten verbietet, seht ihr keine Gefahr! Wenn ein Präsident Truman beschließt, Atombomben auf Hiroshima und Nagasaki abzuwerfen, seht ihr nicht, daß es Politiker gar nicht erst geben dürfte, daß *sie* gefährlich sind.

Ihr müßt die ganze Tragweite meines Ansatzes begreifen. Meditation sollte das Hauptfach für jeden Wissenszweig sein. Vor allem Zweige wie Genetik – die ungeheuer wichtig ist und neue Generationen hervorbringen wird, neue Menschen, eine neue Welt – sollten in den Händen von sehr klaren, ruhigen, liebesfähigen Menschen liegen. Beides geht also zusammen: ihr dürft Genetik nicht losgelöst betrachten, sondern dürft nicht vergessen, daß wir als wesentliches Element der Erziehung die Meditation hinzunehmen können.

Im übrigen kann ich dieses Problem verstehen. Jeder intelligente Mensch wird sich überlegen, was aus der Welt werden soll, wenn die Genetik in die Hände eines Josef Stalin, eines Adolf Hitler, eines Benito Mussolini gerät. Sie werden Sklaven, Vollidioten produzieren.

Aber alle Waffen befinden sich heute in den Händen dieser Leute. Sie halten Atomwaffen in den Händen – und ihr seid unbesorgt, und ihr unternehmt nichts von eurer Seite! Sie können die ganze·Welt ohne weiteres vernichten. Reicht das vielleicht nicht?

Aber die Genetik – ja, die gesamte Wissenschaft – kann aus ihren Klauen befreit werden.

Mit einer einzigen Weltregierung, einem zusammenhängenden, weltweiten Erziehungssystem werden wir in der Lage sein, alle nur denkbaren Riegel vorzuschieben, um die Wissenschaft und ihre Erfindungen vor Mißbrauch zu bewahren.

Die Möglichkeiten sind so enorm, daß wir unsere Angst beiseite lassen sollten und vorsichtig, Schritt für Schritt, dafür sorgen sollten, daß die Genetik nicht gegen die Menschheit, sondern für die Menschheit eingesetzt wird. Und wenn ihr überhaupt nichts unternehmt, wird das, was ihr befürchtet, ohnehin eintreten.

**Die Möglichkeiten sind so enorm,
daß wir unsere Angst beiseite lassen sollten
und vorsichtig, Schritt für Schritt,
dafür sorgen sollten, daß die Genetik
nicht gegen die Menschheit, sondern
für die Menschheit eingesetzt wird.**

Die Weiterentwicklung der Genforschung ist nicht zu verhindern. Jede Regierung, die die Macht dazu hat, ist an ihr interessiert. Angst und Paranoia bringen also gar nichts. Wenn man gezielt vorgeht, und wenn weltweit Proteste und Bewegungen stattfinden, daß wenigstens eine Wissenschaft wie die Genetik nicht Einzelstaaten in die Hände fallen darf, sondern unter der Obhut einer weltweiten Vereinigung der Wissenschaftler selbst stehen muß – dann kann sie mithelfen, eine goldene Zukunft auf dieser Welt herbeizuführen.

DAS RECHT
ZU STERBEN

AUSSERDEM SCHLAGE ICH Sterbehilfe vor. So, wie wir ja auch Geburten begrenzen – Geburtenkontrolle – gebe ich euch ein neues Wort: Sterbekontrolle. Aber kein Staat ist bereit zur Sterbekontrolle. Selbst wenn jemand ab einem gewissen Alter sterben möchte und sein Leben voll gelebt hat, keine Verantwortungen mehr hat – sich vielmehr selbst zur Last fällt –, wird er gezwungen, weiterzuleben; denn das Gesetz verbietet den Selbstmord.

Ich schlage vor – nehmen wir einmal siebzig als das durchschnittliche Sterbealter an, oder achtzig oder neunzig –, daß ein Mensch dann die Freiheit haben sollte, die Gesundheitsbehörde zu bitten: „Ich möchte von meinem Körper befreit werden." Es ist sein gutes Recht, wenn er nicht mehr leben möchte, denn er hat genug gelebt. Er hat alles getan, was er tun wollte, und jetzt möchte er nicht an Krebs oder Tuberkulose sterben, sondern wünscht sich einfach nur einen entspannten Tod.

Jedes Krankenhaus sollte einen besonderen Bereich haben, mit einem besonderen Betreuerstab, wo die Leute hinkommen, sich entspannen und Hilfe erhalten können, auf eine schöne Art und Weise zu sterben, ohne überhaupt krank zu sein, betreut von Berufsmedizinern.

Wenn die Gesundheitsbehörde meint, daß die betreffende Person unentbehrlich ist, wenn die Gesundheitsbehörde meint, daß sie von größter Wichtigkeit ist, dann kann man sie bitten, noch ein wenig länger zu leben. In solchen wenigen Fällen sollte man die Menschen bitten, noch etwas länger zu bleiben, weil sie der Menschheit eine so große Hilfe sind, weil sie anderen Menschen so viel helfen können. Aber wenn auch diese Menschen nicht weiterleben wollen, so ist das ihr Geburtsrecht. Man kann sie fragen, man kann sie bitten, und wenn sie akzeptieren, gut. Aber wenn sie sagen: „Nein, wir sind nicht mehr interessiert", dann haben sie zweifellos jedes Recht zu sterben.

Es ist einzusehen, warum man versucht, das Leben eines Kindes zu retten; aber warum rettet man das Leben alter Menschen, die gelebt haben, die genug gelebt haben, die gelitten, genossen und alle möglichen

Jedes Krankenhaus sollte einen besonderen Bereich haben, mit einem besonderen Betreuerstab, wo die Leute hinkommen, sich entspannen und Hilfe erhalten können, auf eine schöne Art und Weise zu sterben...

Dinge getan haben, gute wie schlechte? Jetzt ist es Zeit – laßt sie gehen. Aber die Ärzte können sie nicht gehen lassen, weil es illegal ist. Sie können ihnen nicht den Sauerstoff oder andere lebenserhaltende Systeme abstellen, und so rettet ihr immer wieder Sterbende oder schon fast Tote.

Kein Papst läßt zu, daß diesen Menschen erlaubt wird sich von ihrem Körper zu befreien. Und was ist noch an ihren Körpern dran? Dem einen fehlen die Beine, dem andern fehlen die Hände; beim dritten arbeitet das Herz nicht mehr, also arbeitet eine Batterie für das Herz. Beim vierten funktionieren die Nieren nicht mehr, also übernehmen Maschinen die Arbeit der Nieren. Aber was sollen diese Leute? Was werden sie tun, selbst wenn ihr sie weiter so in Gang haltet?

Ja, allenfalls garantieren sie den Arbeitsplatz einiger Leute – mehr aber auch nicht. Aber wie kreativ wird das Leben sein, daß sie noch führen werden? Und wie sieht es mit ihrer Freude aus, bei alldem, was mit ihnen angestellt wird? Ständig bekommen sie Spritzen. Sie können nicht schlafen, also gibt man ihnen Schlaftabletten. Sie können nicht wach werden, also bekommen sie Aufputscher ins Blut gespritzt, damit sie aufwachen müssen. Aber was ist der Grund? – der Eid des Hippokrates? Zum Teufel mit Hippokrates! Er hatte keine Ahnung, was man einmal aus seinem Eid machen würde.

Statt Medizin ist hier ein Meditierer vonnöten, um dem Sterbenden zu zeigen, wie man meditiert. Denn jetzt braucht er keine Medizin mehr, jetzt braucht er Meditation – das Wissen, wie man sich entspannt und friedlich aus dem Körper zurückzieht.

Jedes Krankenhaus braucht Meditierer – sie sind so unentbehrlich wie die Ärzte. Bisher wurden nur deswegen keine Meditierer gebraucht, weil es immer nur die eine Aufgabe gab: Leben zu retten. Jetzt gibt es eine zweite Aufgabe: den Menschen beim Sterben zu helfen. Jede Universität sollte ein Institut haben, wo Meditation gelehrt wird, damit die Leute vorbereitet und schon ganz aufs Sterben eingestellt sind wenn die Zeit zu sterben kommt – voller Freude, voller Jubel.

Mir geht es um Wahrheit, nicht um Gesetze.

Aber Selbstmord ist ein Verbrechen und dies wird als Selbstmord ausgelegt werden, und ich werde als jemand dastehen, der illegale Dinge unters Volk bringt.

Mir geht es um Wahrheit, nicht um Gesetze.

Die Wahrheit ist, daß ihr das Leben, die ganze Natur aus dem Gleichgewicht geworfen habt. Bitte gebt ihm das Gleichgewicht wieder.

Ich schlage vor, in einer öffentlichen Bewegung zu fordern, daß wenn Menschen lang genug gelebt haben und von ihrem Körper befreit werden wollen, ihnen die Krankenhäuser einen bequemen, angenehmen Tod bereiten sollen. Das Vernünftigste wäre, wenn jedes Krankenhaus eine besondere Abteilung hätte, die mit allem ausgerüstet ist, um den Tod zu einer angenehmen, erfreulichen Erfahrung zu machen.

FAMILIEN SIND ÜBERHOLT

NEUE FORMEN DES Zusammenlebens werden entstehen müssen. Ich rede lieber nicht von „Gesellschaft", um eine Verwechslung zu vermeiden. Ich nenne das neue Zusammenleben eine „Kommune". Das Wort ist aufschlußreich. Es bedeutet: wo Menschen nicht nur zusammenleben, sondern wo Menschen in tiefer Kommunion miteinander sind.

Zusammenleben, das ist das eine... das tun wir sowieso, in jeder Stadt, jedem Ort... Tausende von Menschen leben zusammen, aber was für einen Zusammenhalt haben sie? Die Leute kennen nicht einmal ihre Nachbarn. Sie wohnen im gleichen Wolkenkratzer – Menschen zu Tausenden – und erfahren nie, daß sie im gleichen Haus wohnen. Es gibt keinen Zusammenhalt, weil es keine Kommunion gibt. Es ist einfach eine Masse, keine Gemeinschaft. Darum würde ich das Wort „Gesellschaft" lieber durch das Wort „Kommune" ersetzen.

Die Gesellschaft basiert seit je auf bestimmten Prinzipien. Diese werdet ihr abschaffen müssen, sonst wird die Gesellschaft nicht verschwinden. Die erste und wichtigste Zelle der Gesellschaft ist bis heute die Familie. Wenn die Familie so bleibt, wie sie ist, dann kann die Gesellschaft nicht verschwinden, dann können die Religionen nicht verschwinden. Dann gelingt es uns nicht, *eine* Welt, *eine* Menschheit zu schaffen.

Die Familie ist die eigentliche Wurzel von Millionen Krankheiten; sie ist der Grundbaustein, aus dem die Staaten gemacht sind, die Rassen gemacht sind, die religiösen Organisationen gemacht sind. Und die Familie hat allen Männern und Frauen der Menschheit jegliche Lebensfreude genommen. Heute endet im Westen jede dritte Ehe in Scheidung, mit all den grauenvollen juristischen Schlachten um Kinder und Besitz. Ein Großteil aller Gewaltverbrechen und Morde auf der Welt spielen sich in der Familie, zwischen Familienmitgliedern ab.

Die Grundstruktur der Familie ist Besitz. Der Ehemann besitzt die Ehefrau, und beide besitzen die Kinder. Und im gleichen Augenblick, wo man einen Menschen besitzt, hat man ihm seine Würde, seine Freiheit, ja seine Menschlichkeit an sich geraubt. Man hat ihm alles genommen, was schön

Liebe sollte das einzige Gesetz zwischen zwei Menschen sein. Wenn sie beschließen, zusammenzuleben, sollte allein die Freude die bindende Kraft zwischen ihnen sein.

ist, und ihm dafür Handschellen angelegt – vielleicht aus Gold geschmiedet. Schöne Käfige, als Ersatz für seine Schwingen – aber diese goldenen Käfige können ihm nicht den Himmel und die Freiheit des Himmels schenken.

Die Familie versucht, dich von der übrigen Gesellschaft abzuschneiden, so wie dein Staat dich von anderen Staaten abschneidet. Die Strategie ist immer die gleiche: Spaltung.

Sobald die Familie abgeschafft ist, wird viel psychologische Krankheit abgeschafft sein, wird viel politischer Wahn abgeschafft sein.

Das erste ist also: in einer idealen Kommune wird es keine Familien geben.

Was daraus folgert, ist klar: es wird keine Ehen geben.

Der Liebe sollte erstmalig der Respekt zuteil werden, der ihr seit Jahrhunderten schuldig geblieben ist.

Liebe sollte das einzige Gesetz zwischen zwei Menschen sein. Wenn sie beschließen, zusammenzuleben, sollte allein die Freude die bindende Kraft zwischen ihnen sein. Und vergeßt nicht: so wie alles Wirkliche, verändert sich auch die Liebe. Nur unwirkliche Dinge, Plastikdinge, sind von Dauer.

Die Ehe ist zwar dauerhaft, aber ihre Dauer kommt daher, daß sie die Liebe tötet.

Nur auf dem Grab der Liebe errichtet die Ehe ihr Haus.

Natürlich führt sie dann zu Agonie, Qual, Leiden, Unterwerfung und zur totalen Zerstörung der Spiritualität des Menschen.

Eine ideale Kommune ist eine Kommunion, ein Zusammenfinden freier Geister.

Kinder sollten der Kommune gehören, nicht den Eltern. Eltern haben genug Schaden angerichtet; man darf ihnen nicht weiter erlauben, ihre Kinder zu verderben – auch wenn all ihre Absichten gut sind. Aber was soll man mit ihren guten Absichten anfangen? Die Ergebnisse sind durchweg grauenhaft.

Sie lehren ihre Kinder, konkurrieren zu können, und Konkurrenzkampf

**Und mit der verschwindenden Familie
werden die Staaten verschwinden,
weil die Familie die Grundzelle des Staates ist.**

---

bringt Neid und Eifersucht. Sie lehren ihre Kinder, jemand zu werden in der Welt, sich „einen Namen zu machen." Damit wird das Leben zum Kampf, nicht zum Jubel, sondern zum ständigen Krieg – so destruktiv, daß es euch alle Freude, allen Lebenssaft, alle Blüten raubt. Was bleibt, sind klappernde Gerippe, die sich um Macht, um Geld, um Positionen zanken. Das Leben wird zum Schlachtfeld.

Und schuld sind allein die Eltern. Sie haben ihr Leben als Ehrgeizlinge gelebt, sie haben sich selber zerstört. Jetzt vererben sie ihren Kindern ihre unerfüllten Träume, ihre nicht erreichten Ziele. Auf diese Weise zeugen sich Krankheiten fort, von einer Generation zur anderen.

Wir müssen die Kinder vor der Vergangenheit schützen.

Der einzige Weg ist, daß sie einer Kommune angehören. Kinder sollten nicht bei ihren Eltern leben, sondern in kommunalen Wohnhäusern, damit die Eltern nicht ihren Geist vergiften können. Die Eltern können sich mit ihnen treffen und die Wochenenden mit ihnen verbringen, aber grundsätzlich werden sie unabhängig aufwachsen. Und die Kommune sollte Sorge tragen, daß sich keinerlei religiöse oder politische Ideologie einmischt, keine Staatsangehörigkeit, Rasse, Kaste... all diese Dinge, die trennen. Das ist der einzige Weg, mit der Vergangenheit zu brechen. Es wird enorm helfen, wenn die Kinder alles in einem anderen Licht sehen können.

Und *einen* Vater und *eine* Mutter zu haben, ist psychologisch gefährlich; denn wenn das Kind ein Junge ist, fängt er an, seinen Vater nachzuahmen; wenn das Kind ein Mädchen ist, fängt sie an, die Mutter nachzuahmen – und das führt zu großen psychologischen Problemen.

Vater und Mutter sollten in den Hintergrund treten, und an ihre Stelle sollten Onkel und Tanten treten. Es sollte lauter Onkel und lauter Tanten geben... vielleicht sollte die Mutter die Obertante und der Vater der Oberonkel sein, aber mehr auch nicht.

Es ist gut, daß die Familie schon verschwindet.

Wenn die Kinder der Kommune anvertraut werden – ich habe damit experimentiert und fand es außerordentlich erfolgreich – sind die Kinder

Im Augenblick wird jeder gezwungen, so zu sein, wie es den Vorstellungen anderer entspricht. Das bringt Unglück und großes Leid...

---

sehr viel glücklicher, denn sie sind sehr viel freier. Keine Konditionierung wird ihnen eingeimpft. Sie werden eher reif. Weil niemand versucht, sie abhängig zu machen, werden sie unabhängig. Niemand reißt sich ein Bein aus, um ihnen zu helfen; also müssen sie lernen, wie sie sich selber helfen können. Das bringt Reife, Klarheit, eine gewisse Stärke.

Und mit der verschwindenden Familie werden die Staaten verschwinden, weil die Familie die Grundzelle des Staates ist.

Also bin ich jedesmal hocherfreut, wenn ich feststelle, daß die Familie verschwindet – weil ich weiß, daß nach ihr der Staat an der Reihe ist. Mit der Familie werden die sogenannten Religionen verschwinden, denn es ist die Familie, die euch eure Religion, eure Nationalität und alle möglichen anderen Dinge aufzwingt. Wenn erst einmal die Familie verschwunden ist, wer soll euch dann noch das Christentum aufzwingen oder den Hinduismus?

Im Augenblick wird jeder gezwungen, so zu sein, wie es den Vorstellungen anderer entspricht. Das bringt Unglück und großes Leid und nimmt dem Leben alle Freude und Fröhlichkeit. Jeder sollte er selbst sein und genau das zum Leben beitragen, was seiner Natur entspricht – indem er Musik macht oder Bilder malt oder Gedichte schreibt oder besseres Obst, bessere Getreide züchtet, bessere Straßen baut. Jedem sollte erlaubt sein, sein eigenes Potential erfüllt zu sehen.

Eine ideale Kommune gesteht jedem einzelnen Würde zu.

Eine ideale Kommune entfaltet so viel Intelligenz wie nur möglich, und gestattet den Menschen, auf intelligente Art weiterzureifen, nach ihrer Wahrheit zu suchen und zu forschen – denn nur so *wird* man intelligenter.

Indem man sucht und forscht, wird die Intelligenz geschliffen wie ein Schwert.

Der Mensch hat in der Unintelligenz gelebt, weil die Religionen der Welt allesamt nur auf einem bestanden haben: Glauben.

Und Glauben ist Gift für die Intelligenz.

Sie haben immer nur eines betont: blindes Gottvertrauen.

**Eine Kommune sollte ein Zusammenschluß
von Suchenden sein, von Liebenden, von Freunden,
von kreativen Menschen aus allen Lebensbereichen.
Wir können hier auf Erden ein Paradies schaffen.**

Und blindes Gottvertrauen ist gegen alles Wachstum.

Der neue Mensch, den ich heranbilde, wird kein Glaubenssystem und wird kein blindes Gottvertrauen haben. Er wird ein Suchender sein, ein Forscher, ein Fragensteller; sein Leben wird ein Leben voll ungeheurer Entdeckungen sein – Entdeckungen sowohl in der Außenwelt wie Entdeckungen in der Innenwelt.

Ich möchte, daß jeder Mensch ein Entdecker wird: in der Außenwelt ein Galilei, ein Kopernikus, ein Kolumbus; und ein Gautam Buddha, ein Zarathustra, ein Tschuangtse in der Innenwelt. Mein ganzes Bestreben richtet sich auf einen einzigen Punkt: den neuen Menschen zu schaffen, einen „Zorba the Buddha".

In einer vorbildlichen Kommune wird jeder die Eigenschaften beider haben, die Eigenschaften eines Alexis Sorbas und die Eigenschaften des Buddha – ungeheuer interessiert an der Außenwelt, und gleichermaßen verliebt in die innere Suche. An dem Tage, an dem du beides zugleich bist, bist du der neue Mensch geworden, und der neue Mensch wird der Retter der Menschheit sein.

Eine Kommune sollte ein Zusammenschluß von Suchenden sein, von Liebenden, von Freunden, von kreativen Menschen aus allen Lebensbereichen. Wir können hier auf Erden ein Paradies schaffen.

EINE WELT
AUS KOMMUNEN

MEINE VISION VON einer neuen Welt, der Welt aus Kommunen, bedeutet: keine Nationen, keine Großstädte, keine Familien, sondern Millionen von kleinen Kommunen, über die ganze Erde verstreut, in dichten Wäldern, üppigen, grünen Wäldern, in Gebirgen, auf Inseln. Die kleinste funktionsfähige Kommune kann fünftausend Menschen umfassen. Und die größte Kommune kann fünfzigtausend Menschen haben. Zwischen fünf- und fünfzigtausend – mehr als das ließe sich nicht mehr durchführen, denn sonst tauchte wieder die Frage nach Gesetz und Ordnung auf, und die Polizei und die Gerichte und all die alten Verbrecher hielten wieder Einzug.

Eine Kommune ist die Proklamation eines Lebens ohne Ehrgeiz, der Gleichberechtigung aller. Aber vergeßt nicht, worin ich mich von Karl Marx unterscheide. Ich bin nicht dafür, die Menschen zur Gleichheit zu *zwingen*. Denn das ist eine psychologisch unmögliche Aufgabe – und jedesmal, wenn ihr gegen die Natur verstoßt, wird sie destruktiv und giftig.

Keine zwei Menschen sind gleich.

Aber ich bin leicht mißzuverstehen. Versucht also, meinen Standpunkt sehr klar zu verstehen. Ich bin nicht für Gleichheit, aber ich bin auch nicht für Ungleichheit! Ich bin dafür, jedem die gleiche Chance zu geben, sich selbst zu leben. Mit anderen Worten: in meinen Augen ist jeder einzelne Mensch *gleich* einmalig.

Die Frage nach Gleichheit oder Ungleichheit stellt sich erst gar nicht, weil zwei Individuen nicht gleich sind. Sie sind nicht zu vergleichen.

Eine wirkliche Kommune, ein wirklicher Kommunismus, wird gleiche Wachstumschancen bereitstellen, aber dabei die Einmaligkeit jedes einzelnen berücksichtigen.

Eine Kommune bedeutet, daß wir all unsere Energien, all unser Geld in einen Topf getan haben – alles in einen einzigen Topf, aus dem alle Menschen versorgt werden.

Es muß absolute Freiheit des Ausdrucks geben – ob in Worten oder mit anderen kreativen Mitteln. Jedes Individuum sollte so respektiert werden,

...in meinen Augen ist jeder einzelne Mensch gleich einmalig.
Die Frage nach Gleichheit oder Ungleichheit stellt sich erst gar nicht, weil zwei Individuen nicht gleich sind. Sie sind nicht zu vergleichen.

---

wie es ist, nicht nach Maßgabe irgendeines Ideals. Seine Grundbedürfnisse sollten von der Kommune erfüllt werden, und so wie die Kommune reicher wird, sollte jeder einzelne mit mehr Komfort, mit mehr Luxus versehen werden – denn ich bin nicht gegen Luxus oder Komfort. Ich bin kein Sadist, und ich möchte nicht, daß die Menschen im Namen irgendwelcher schönen Worte gequält werden. Niemand sollte im Namen von Religion oder im Namen von Sozialismus aufgeopfert werden. Keinerlei Selbstquälerei sollte gefördert werden.

Der Mensch ist da, um zu jubeln, um sein Leben so schön, so friedlich, so komfortabel wie möglich zu leben. Ich bin absolut für alle fortschrittlichen Erfindungen, die den Menschen glücklicher machen können, die ihn länger leben, jünger und gesünder sein lassen, und die sein Leben eher zu Spiel und Spaß machen, statt zu einer qualvollen Reise von der Wiege bis zum Grab.

Ich bin absolut für den Reichtum – aber es wird ein Reichtum der Kommune sein. Im Maße, wie die Kommune reicher wird, wird jeder einzelne reicher. Ich bin gegen Armut, ich bin kein Anbeter der Armut. Ich sehe nichts Spirituelles darin, arm zu sein; es ist reine Dummheit. Weder ist Armut spirituell, noch ist Krankheit spirituell, noch ist Hunger spirituell. Eine Kommune sollte so leben, daß sie immer reicher wird, und so leben, daß sie nicht zu viele Kinder produziert. Denn Überproduktion an Menschen schafft zwangsläufig Bettler, schafft zwangsläufig Waisen. Und sobald es Waisen gibt, tauchen die Mutter Teresas auf, um sie zum Katholizismus zu bekehren.

Alle Kommunen sollten zusammenhängen, aber sie werden kein Geld austauschen. Geld sollte abgeschafft werden; es hat der Menschheit ungeheuer geschadet. Jetzt ist es Zeit, ihm Adieu zu sagen. Denn Geld läßt sich akkumulieren. Und wenn eine Kommune reicher wird als die anderen Kommunen, kommen durch die Hintertür wieder Reichtum und Armut herein, und der ganze Alptraum des Kapitalismus und die Klassen der Armen und Reichen und der Wunsch zu herrschen: weil *ihr* reich seid, könnt ihr andere Kommunen unterwerfen. Geld ist einer der Feinde des Menschen.

Die Kommune wird zur authentischen Familie, ohne die Krankheiten, die früher durch die Familien kamen.

Kommunen werden untereinander tauschen. Sie werden über ihre Radiosender bekanntgeben, daß dieses und jenes Produkt bei ihnen zu haben ist. Wer andere Produkte hat, die sie brauchen, kann sie kontaktieren, und diese Dinge können auf freundliche Art und Weise ausgetauscht werden. Es gibt kein Feilschen, es gibt keine Ausbeutung. Aber eine Kommune sollte nicht zu groß werden, weil Größe ebenfalls gefährlich ist.

Das Kriterium, wie groß eine Kommune sein darf, sollte sein, daß jeder jeden anderen kennt; da sollte die Grenze liegen. Sobald diese Grenze überschritten wird, sollte die Kommune sich in zwei Teile teilen. Genauso, wie sich zwei Brüder trennen, trennt sich eine Kommune, die zu groß geworden ist, in zwei Kommunen, zwei Schwesterkommunen. Und es wird ein tiefer Zusammenhang zwischen ihnen bestehen; Ideen und Fertigkeiten werden ausgetauscht, ohne all die Attitüden, die aus Besitzansprüchen kommen – wie Nationalismus und Fanatismus. Es wird nichts geben, was zu Fanatismus führen könnte. Es wird keinen Grund geben, sich als Nation zu verstehen.

Eine kleine Gruppe von Menschen kann das Leben viel leichter genießen, weil es an sich schon eine Freude ist, so viele Freunde, so viele Bekannte zu haben.

Meine Vorstellung von einer Kommune ist ein Leben in kleinen Gruppen, die jedem genug Raum lassen und dennoch ein Leben in einer engen, liebenden Beziehung gewähren. Die Kommune nimmt sich eurer Kinder an, die Kommune sorgt für eure Bedürfnisse, die Kommune kümmert sich um eure medizinische Versorgung. Die Kommune wird zur authentischen Familie, ohne die Krankheiten, die früher durch die Familien kamen. Sie ist eine lockere Familie und in ständiger Bewegung.

Ehen kommen nicht in Frage, und Scheidungen kommen nicht in Frage. Wenn zwei Menschen zusammenleben wollen, können sie zusammensein, und wenn sie eines Tages nicht mehr zusammensein wollen, ist das völlig in Ordnung. Sie waren aus eigenem Entschluß zusammen – jetzt können

**Die ganze Welt sollte *eine* Menschheit sein,
aber über lauter kleine Kommunen verteilt,
aus rein praktischen Gründen. Kein Fanatismus,
kein Rassismus, kein Nationalismus –
dann können wir zum ersten Mal alle Kriege vergessen.**

---

sie sich andere Freunde suchen. Ja, warum in diesem einen Leben nicht gleich mehrere Leben leben? Warum es nicht reicher machen? Warum sollte ein Mann an einer einzigen Frau festhalten, oder eine Frau an einem einzigen Mann – es sei denn, sie haben soviel Freude aneinander, daß sie ihr ganzes Leben lang zusammensein wollen?

Aber wenn man sich die Welt betrachtet, ist die Situation klar: die Erwachsenen wären gern ihre Familien los, Kinder wären gern ihre Familien los. Aber in einer Kommune braucht man keinen Lärm um nichts zu machen. Ihr könnt jeden Augenblick Adieu sagen – und trotzdem Freunde bleiben.

Es wird ein reicheres Leben sein. Ihr werdet viele Männer und viele Frauen kennengelernt haben. Jeder Mann hat etwas ganz Eigenes, und jede Frau hat etwas ganz Eigenes.

In einer Kommune werden die älteren Menschen um ihrer Erfahrungen willen geliebt und geachtet sein. Die älteren Menschen werden die Lehrer, die Ratgeber sein. Alter wird nicht als etwas Häßliches gelten, sondern als etwas ungeheuer Anmutiges. Man hat alle kindischen und jugendlichen Torheiten hinter sich, man ruht nun ganz in sich und ist innerlich still geworden, nach einem Leben voller Meditation. Sie werden euch lehren, wie man stirbt – denn wenn sie sterben, werden sie mit solcher Anmut und Freude sterben! Das wird ihr letztes Geschenk an die Kommune sein.

Die ganze Welt sollte *eine* Menschheit sein, aber über lauter kleine Kommunen verteilt, aus rein praktischen Gründen. Kein Fanatismus, kein Rassismus, kein Nationalismus – dann können wir zum ersten Mal alle Kriege vergessen. Wir können das Leben in aller Aufrichtigkeit lebenswert und genießenswert machen, spielerisch, meditativ, kreativ – und jedem Mann und jeder Frau die gleiche Chancen geben, sich zu entfalten und ihre Anlagen zur Blüte zu bringen.

EINE NEUE ERZIEHUNG FÜR DEN NEUEN MENSCHEN

DIE ERZIEHUNG, wie sie früher geherrscht hat, ist sehr ungenügend, unvollständig und oberflächlich. Sie produziert lediglich Menschen, die ihren Lebensunterhalt verdienen können, aber sie vermittelt keinerlei Einsichten ins Leben selbst. Sie ist nicht nur unvollständig, sie ist auch schädlich – denn sie baut auf Konkurrenz.

Jede Art von Konkurrenz ist im tiefsten Kern gewalttätig, und bringt Menschen hervor, die lieblos sind, deren ganzes Streben darauf abzielt, etwas zu erreichen: Rang und Namen, Ruhm, lauter hohe Ziele. Da müssen sie freilich kämpfen und sich dafür in Konflikte stürzen. Das zerstört ihre Freude und das zerstört ihre Freundlichkeit. Wie es scheint, kämpft jeder gegen die ganze Welt.

Erziehung war bis heute zielorientiert: Nicht was du lernst ist wichtig – wichtig ist die Prüfung, die in ein oder zwei Jahren stattfinden soll! Damit wird die Zukunft wichtig – wichtiger als die Gegenwart. Die Gegenwart wird der Zukunft geopfert, und so wird dann dein ganzer Lebensstil: Du opferst ständig den jetzigen Augenblick für etwas, das gar nicht da ist. Und so breitet sich eine große Leere im Leben aus.

Die Kommune meiner Vision wird eine fünf-dimensionale Erziehung haben. Bevor ich auf diese fünf Dimensionen eingehe, seien ein paar Dinge vorausgeschickt. Erstens: Prüfungen dürfen kein Bestandteil der Erziehung sein. Stattdessen wird es eine tägliche, stündliche Beurteilung durch die Lehrer geben. Ihre Bemerkungen über das ganze Jahr hinweg entscheiden, ob du weitergehst oder ob du noch etwas länger in der gleichen Klasse bleibst. Niemand „bleibt sitzen", niemand wird „versetzt" – die einen sind bloß etwas flinker, und die anderen ein bißchen träge. Denn der Gedanke, sitzengeblieben zu sein, hinterläßt eine tiefe Wunde von Minderwertigkeit, und Überfliegertum führt gleichfalls zu einer Krankheit anderer Art, nämlich zu Überheblichkeit.

Niemand ist unterlegen, niemand ist überlegen.

Jeder ist einfach er selbst – unvergleichlich.

Darum wird es keinen Platz für Prüfungen geben. Somit verlagert sich

Prüfungen dürfen keine Bestandteile der Erziehung sein.

die ganze Perspektive von der Vergangenheit auf die Zukunft. Entscheidend ist, was du jetzt im Moment machst – nicht fünf Fragen am Ende von zwei Jahren. Von den tausend Dingen, die du in diesen zwei Jahren durchnehmen wirst, entscheidet jedes mit. Die Erziehung wird also nicht zielorientiert sein.

Der Lehrer hat früher eine außerordentlich wichtige Rolle gespielt. Denn er wußte: er hatte alle Prüfungen bestanden, er hatte sich viel Wissen angeeignet. Aber die Situation hat sich geändert. Und das ist eines der Probleme – daß Situationen sich ändern, unsere Antworten aber die alten bleiben. Heute ist die Wissensexplosion so unübersehbar geworden, so ungeheuer, so rasant, daß man über ein wissenschaftliches Thema überhaupt kein Buch mehr schreiben kann: denn kaum hat man sein Buch fertig, ist es schon überholt. Neue Fakten, neue Entdeckungen haben es irrelevant gemacht. Heute ist die Wissenschaft daher auf Artikel angewiesen, nicht auf Bücher – auf Zeitschriften, nicht auf Bücher.

Der Lehrer wurde vor dreißig Jahren ausgebildet. In dreißig Jahren hat sich alles geändert, aber er plappert heute noch nach, was man ihm beigebracht hat. Er ist hinter dem Mond, und er läßt seine Studenten hinter dem Mond. Anstelle von Lehrern wird es Berater geben, und diesen Unterschied muß man verstehen. Der Berater wird dir sagen, wo du in der Bibliothek die neuesten Informationen zu deinem Thema findest.

In Zukunft wird der Computer eine ungeheure, revolutionäre Rolle spielen. Zum Beispiel ist die Art, wie Schüler ausgebildet werden, absolut altmodisch. Man stützt sich noch immer auf das Gedächtnis. Und je beladener das Gedächtnis, desto geringer die Möglichkeit für Klarheit und Intelligenz. Ich sehe es als eine große Chance an, daß Schüler und Studenten davon befreit werden, sich alle möglichen Informationen merken zu müssen. Sie können kleine Computer bei sich tragen, in denen all die Informationen, die sie jederzeit brauchen, gespeichert sind. Das wird ihrem Kopf helfen, meditativer, klarer, unschuldiger zu sein. Im Augenblick ist ihr Kopf zu vollgestopft mit unnötigem Ballast.

Diese Überlegungen vorausgeschickt, teile ich das Bildungssystem in fünf Dimensionen ein.

In Zukunft wird alle Ausbildung zentralisiert über Computer und Fernsehen laufen, denn was sich graphisch darstellen läßt, ist leichter zu behalten, als wenn es gelesen oder gehört wird. Augen sind weitaus stärkere Instrumente als Ohren oder alles andere. Und damit hört auch die Langeweile des Lesens und Zuhörens auf. Im Gegenteil, das Fernsehen wird zu einer fröhlichen Sache. Geographie z.B. kann unterrichtet sehr farbenfroh werden...

Der Lehrer sollte nur ein Berater sein, der dir den richtigen Kanal zeigt, der dir zeigt, wie man den Computer benutzt, wie man das neueste Buch findet. Seine Funktion wird eine völlig andere sein. Er ist nicht mehr Wissensvermittler, sondern macht dich auf den gegenwärtigen Wissensstand, auf die neuesten Forschungsergebnisse aufmerksam. Er ist nur ein Lotse.

Diese Überlegungen vorausgeschickt, teile ich das Bildungssystem in fünf Dimensionen ein. Die erste ist informativ – wie Geschichte, Erdkunde und viele andere Fächer, die durch Fernsehen und Computer gemeinsam behandelt werden können.

Aber was Geschichte betrifft – hier müssen wir einen absolut radikalen Standpunkt einnehmen. Im Augenblick besteht Geschichte aus Leuten wie Dschingis Khan, Napoleon, Mussolini, Adolf Hitler usw. Diese Leute sind aber nicht unsere Geschichte, diese Leute sind unsere Alpträume. Schon der bloße Gedanke, daß Menschen so grausam zu anderen Menschen sein können, ist abscheulich. Unsere Kinder sollten nicht mit solchen Vorstellungen gefüttert werden.

In Zukunft sollte Geschichte nur aus jenen großen Genies bestehen, die etwas zur Schönheit dieses Planeten beigetragen haben, etwas für die Menschheit geleistet haben – ein Gautam Buddha, ein Sokrates, ein Laotse; große Mystiker wie Jalaluddin Rumi, J.Krishnamurti; große Dichter wie Walt Whitman, Omar Khayyam; große literarische Gestalten wie Leo Tolstoi, Maxim Gorki, Fjodor Dostojewski, Rabindranath Tagore, Basho.

Die Leute gehen immer davon aus, daß sie wissen, was Liebe ist. Sie wissen es nicht; und wenn sie es wissen, ist es zu spät. Jedem Kind sollte gezeigt werden, wie es seine Wut, seinen Haß, seine Eifersucht in Liebe verwandeln kann.

Wir sollten die positive Größe unseres Erbes vermitteln, und all die Leute, die bisher als historische Größen gegolten haben – Männer wie Adolf Hitler – mit bloßen Fußnoten bedenken. Sie dürfen nur in den Fußnoten erwähnt werden, oder im Anhang, mit einem klaren Hinweis, daß sie entweder wahnsinnig waren oder unter irgendeinem Minderwertigkeitskomplex oder anderen psychiatrischen Störungen litten.

Wir müssen die zukünftigen Generationen klipp und klar darüber aufklären, daß die Vergangenheit eine düstere Seite hatte, und daß diese die ganze Vergangenheit beherrscht hat. Aber jetzt ist kein Platz mehr für diese Seite.

Zur ersten Dimension gehören auch die Sprachen. Jeder Mensch auf der Welt sollte mindestens zwei Sprachen kennen; die eine ist seine Muttersprache, und die andere ist Englisch als internationales Verständigungsmittel. Beide können gleichfalls genauer durch das Fernsehen unterrichtet werden – der Akzent, die Grammatik, alles kann exakter vermittelt werden als durch Menschen.

Wir können eine Atmosphäre der Brüderlichkeit auf der Welt herstellen: Sprache verbindet Menschen, aber Sprache trennt auch. Es gibt im Augenblick keine internationale Sprache. Schuld daran sind unsere Vorurteile. Englisch bietet sich geradezu an, denn keine Sprache wird von mehr Menschen in aller Welt gesprochen – im weitesten Sinne.

Die zweite Dimension ist die Erforschung naturwissenschaftlicher Fragen, was ungeheuer wichtig ist, weil das die eine Hälfte der Wirklichkeit ist – die äußere Wirklichkeit. Sie kann ebenfalls durch Fernsehen und Computer vermittelt werden, ist aber komplizierter, und ein menschlicher Berater ist hier nötiger.

Und die dritte Dimension wird das sein, was in der gegenwärtigen Erziehung ganz fehlt: die Kunst zu leben. Die Leute gehen immer davon aus, daß sie wissen, was Liebe ist. Sie wissen es nicht; und *wenn* sie es wissen, ist es zu spät. Jedem Kind sollte gezeigt werden, wie es seine Wut, seinen Haß, seine Eifersucht in Liebe verwandeln kann.

> *...solange der Mensch nicht lernt,*
> *schöpferisch zu sein,*
> *wird er niemals Teil der Schöpfung sein...*

Ein wichtiger Aspekt der dritten Dimension sollte auch der Humor sein. Unsere sogenannte Erziehung macht die Menschen traurig und ernst. Und wenn man ein Drittel seines Lebens damit vertut, in einer Universität zu versauern, wird die saure Miene zur Gewohnheit. Du vergißt die Sprache des Lachens – und ein Mensch, der die Sprache des Lachens vergessen hat, hat viel vom Leben vergessen.

Liebe und Lachen also – und eine Vertrautheit mit dem Leben und seinen Wundern, seinen Mysterien... diese Vögel in den Bäumen hier – sie sollten nicht ungehört singen! Die Bäume und die Blumen und die Sterne sollten eine Verbindung zu deinem Herzen haben. Dann hören Sonnenaufgang und Sonnenuntergang auf, etwas „irgendwo da draußen" zu sein, sondern sind etwas Innerliches geworden. Eine gewisse Ehrfurcht vorm Leben sollte der Grundstein der dritten Dimension sein. Die Menschen sind so ehrfurchtslos dem Leben gegenüber!

Die vierte Dimension sollte die der Kunst und Kreativität sein: Malerei, Musik, Handwerk, Töpfern, Steinmetzarbeit... alles, was kreativ ist. Alle schöpferischen Bereiche sollten einbezogen werden. Die Schüler können selber aussuchen.

Nur ganz wenige Dinge sollten Pflicht sein: zum Beispiel sollte eine internationale Sprache Pflicht sein, sollte eine gewisse Fähigkeit Pflicht sein, sich den Lebensunterhalt zu verdienen, sollte auch irgendeine schöpferische Fertigkeit Pflicht sein. Der ganze Regenbogen schöpferischer Tätigkeiten steht dir zur Auswahl, denn solange der Mensch nicht lernt, schöpferisch zu sein, wird er niemals Teil der Schöpfung sein – die unentwegt schöpferisch ist. Indem man schöpferisch ist, wird man göttlich. Schöpfertum ist das einzige Gebet.

Und die fünfte Dimension sollte die Kunst des Sterbens sein. Zu dieser fünften Dimension werden alle Meditationen gehören, damit du die Erfahrung machen kannst, daß es keinen Tod gibt, damit dir bewußt werden kann, daß es in dir ein ewiges Leben gibt. Das sollte eine absolut wesentliche Rolle spielen. Denn jeder Mensch muß sterben, kein Mensch kann

**Die einen sind mehr ungebildet,
die anderen weniger ungebildet –
aber ungebildet sind alle,
denn Bildung als Ganzes existiert nirgendwo.**

---

es umgehen. Und unter dem großen „Dach" der Meditation kannst du dann mit Zen, mit Tao, mit Yoga, mit Chassidismus, mit all den Möglichkeiten Bekanntschaft machen, die es schon lange gibt, die aber in unserer Erziehung nicht berücksichtigt worden sind.

Die neue Kommune wird eine runde Erziehung, eine ganzheitliche Erziehung haben. Ich war selbst Professor, und als ich der Universität meinen Abschied einreichte, teilte ich nur kurz mit: „Das hier ist nicht Erziehung, sondern schiere Dummheit – Wesentliches wird hier nicht gelehrt."

Aber diese unwesentliche Erziehung beherrscht die ganze Welt, egal ob in der Sowjetunion oder in Amerika. Niemand hat sich um eine vollere, ganzheitlichere Bildung bemüht. In diesem Sinne ist fast jeder ungebildet. Selbst Leute mit imponierenden Titeln sind im umfassenderen Sinne ungebildet. Die einen sind *mehr* ungebildet, die anderen *weniger* ungebildet – aber *ungebildet* sind alle, denn Bildung als Ganzes existiert nirgendwo.

LIEBE UND VERSTÄNDNIS WERDEN DAS GESETZ SEIN

ALLE RECHTSSYSTEME sind nichts als die Rache der Gesellschaft – Rache an allen, die nicht ins System passen. In meiner Sicht ist das Gesetz nicht zum Schutz der Gerechtigkeit da, sondern zum Schutz des Massengeistes – ob er gerecht oder ungerecht ist, spielt keine Rolle. Das Gesetz ist gegen den einzelnen und für die Masse; es ist der Versuch, den einzelnen zu beschneiden – in seiner Freiheit und seiner Möglichkeit, er selbst zu sein.

Jüngste wissenschaftliche Nachforschungen sind sehr aufschlußreich: etwa zehn Prozent aller Menschen, die als Verbrecher bezeichnet werden, sind nicht für ihre Verbrechen verantwortlich. Ihre Verbrechen sind genetisch, sie sind ererbt. Genausowenig wie der Blinde für seine Blindheit verantwortlich ist, ist ein Mörder für seinen Mordtrieb verantwortlich. Beiden ist die Anlage angeboren – dem einen zur Blindheit, dem anderen zum Begehen von Verbrechen.

Heute ist es wissenschaftlich erwiesen, daß es einfach idiotisch ist, jemanden für ein Verbrechen zu bestrafen. Es ist fast so, als würde man einen Menschen bestrafen, weil er Tuberkulose hat, oder ins Gefängnis stecken, weil er Krebs hat. Alle Verbrecher sind krank, psychologisch wie spirituell.

In meiner Vision werden in einer Kommune die Gerichte nicht aus Juristen bestehen, sondern aus Leuten, die sich in Genetik auskennen – und darin, wie Verbrecher von einer Generation zur anderen vererbt werden. Sie sollen entscheiden... aber nicht welche Strafe – denn jede Strafe ist falsch, nicht nur falsch, sondern kriminell. Wer etwas Falsches begangen hat, muß in das richtige Institut geschickt werden – etwa eine psychiatrische Klinik oder zur Psychoanalyse, oder ins Krankenhaus, um sich operieren zu lassen. Er braucht unser Mitgefühl, unsere Liebe, unsere Hilfe. Statt, daß wir ihm unser Mitgefühl und unsere Liebe geben, haben wir ihm aber seit Menschengedenken immer nur Strafen gegeben. Wieviel Grausamkeit der Mensch verübt hat hinter lauter schönen Worten wie „Ordnung", „Gesetz", „Gerechtigkeit"!

Der neue Mensch wird keine Gefängnisse haben und wird keine Richter und keine Juristen haben – sie sind absolut überflüssige Krebsgeschwüre am Leib der Gesellschaft.

Der neue Mensch wird keine Gefängnisse haben und wird keine Richter und keine Juristen haben – sie sind absolut überflüssige Krebsgeschwüre am Leib der Gesellschaft. Dafür aber wird es ganz gewiß mitfühlende Wissenschaftler – meditative, liebende Wesen – geben, die aufklären können, wie es dazu kam, daß ein bestimmter Mensch einen anderen vergewaltigt hat: ist er wirklich verantwortlich? In meiner Sicht ist er unter keinen Umständen verantwortlich. Entweder er hat deshalb vergewaltigt, weil es Priester und Religionen gibt, die seit Tausenden von Jahren sexuelle Abstinenz und Verdrängung predigen – dann ist es das Ergebnis einer repressiven Moral; oder es liegen biologische Ursachen vor – Hormone, die ihn zur Vergewaltigung treiben.

Obwohl ihr in einer modernen Gesellschaft lebt, sind die meisten von euch nicht zeitgemäß, denn ihr kennt die Wirklichkeit nicht, die von der Wissenschaft ständig aufgedeckt wird. Euer Erziehungssystem hindert euch, sie zu kennen, eure Religionen hindern euch, sie zu kennen, eure Regierungen hindern euch, sie zu kennen.

Der Mann, der vergewaltigt, hat vielleicht nur mehr Hormone als all diese anständigen Leute, die es ihr ganzes Leben lang mit *einer* Frau aushalten und sich das moralisch zugute halten. Ein Mann mit mehr Hormonen wird mehr Frauen brauchen; und mit der Frau ist es auch nicht anders. Es ist keine Frage der Moral, sondern eine Frage der Biologie. Ein Mann, der vergewaltigt, braucht unser ganzes Mitgefühl. Er braucht einen gewissen Eingriff, der seine überschüssigen Hormone beseitigt, und dann wird er sich abkühlen und ruhig werden.

Ihn zu bestrafen ist einfach ein Zeichen von Dummheit. Indem ihr ihn bestraft, könnt ihr nicht seine Hormone ändern. Wenn ihr ihn ins Gefängnis steckt, macht ihr ihn homosexuell oder sonstwie pervers. Es gibt eine Untersuchung über amerikanische Gefängnisse: dreißig Prozent der Insassen sind homosexuell. Soviele haben sich jedenfalls dazu bekannt; wir wissen nicht, wieviele sich nicht dazu bekannt haben. Dreißig Prozent ist keine kleine Zahl. In Klöstern ist die Zahl größer – fünfzig Prozent,

> *Wir brauchen Experten der verschiedensten*
> *Richtungen und psychologischen Schulen,*
> *brauchen Meditierer aller Art –*
> *und dann können wir diese armen Kerle,*
> *die bisher nur die Opfer unbekannter Kräfte waren*
> *und von uns bestraft wurden, transformieren.*

---

sechzig Prozent. Aber die Schuld liegt bei unserem idiotischen Festhalten an Religionen, die überholt sind, die nicht von der wissenschaftlichen Forschung untermauert und gespeist werden.

Die neue Kommune des Menschen wird sich auf Wissenschaft, nicht auf Aberglauben gründen. Wenn jemand etwas tut, das der Kommune als solcher schadet, dann muß er physisch untersucht werden – braucht er vielleicht eine physiologische oder biologische Veränderung? Muß er psychisch geprüft werden? Vielleicht braucht er etwas Psychoanalyse; und die tiefste Möglichkeit ist, daß weder Körper noch Psyche weiterhelfen: das hieße, daß er eine tiefe spirituelle Regeneration braucht, eine tiefe meditative Katharsis.

Statt Gerichtshöfe brauchen wir Meditationszentren verschiedenster Art, wo jedes Individuum einen eigenen Weg für seine Eigenart finden kann. Statt Juristen – die einfach überflüssig sind, die Parasiten sind, die unser Blut aussaugen – werden wir wissenschaftliche Leute aus verschiedensten Fachrichtungen haben, denn der eine mag einen chemischen Defekt haben, der andere mag einen biologischen Defekt haben, der dritte mag einen physiologischen Defekt haben. Wir brauchen lauter solcher Experten der verschiedensten Richtungen und psychologischen Schulen, brauchen Meditierer aller Art – und dann können wir diese armen Kerle, die bisher nur die Opfer unbekannter Kräfte waren und von uns bestraft wurden, transformieren.

Sie leiden in einem doppelten Sinn. Zunächst leiden sie unter einer unbekannten biologischen Kraft, und zweitens leiden sie unter den Händen eurer Richter, die nichts anderes sind als Schlächter und Henker, und eurer Advokaten, eurer Rechtsexperten, eurer Gefängniswärter. Es ist ganz einfach nicht zu fassen; und die Menschen der Zukunft werden es nicht glauben können.

Es ist fast wie im Mittelalter: damals verprügelte man Wahnsinnige, um ihren Wahnsinn zu heilen. Menschen, die schizophren waren, die angeblich von Geistern besessen waren, wurden fast zu Tode geprügelt – das

**Die Idee der Strafe an sich ist unwissenschaftlich.
Es gibt keinen Menschen auf der Welt, der
ein Verbrecher ist; sie alle sind krank und brauchen
Mitgefühl – und eine wissenschaftliche Behandlung.
Und dann werden die meisten von euren Verbrechen
verschwinden.**

---

war dann die Behandlung. Millionen von Menschen sind an euren großartigen Behandlungen gestorben.

Wir haben heute leicht reden, diese Leute barbarisch, unwissend, primitiv zu nennen. Man wird das gleiche von uns sagen. Ich sage es bereits jetzt: eure Gerichte sind barbarisch, eure Gesetze sind barbarisch. Die Idee der Strafe an sich ist unwissenschaftlich.

Es gibt keinen Menschen auf der Welt, der ein Verbrecher ist; sie alle sind krank und brauchen Mitgefühl – und eine wissenschaftliche Behandlung. Und dann werden die meisten von euren Verbrechen verschwinden.

Aber erst muß das Privateigentum verschwinden: Privateigentum zeugt Einbrecher, Räuber, Taschendiebe, Priester, Politiker.

Politik ist eine Krankheit.

Der Mensch hat an vielen Krankheiten gelitten, von denen er nicht einmal wußte, daß es Krankheiten sind. Er hat die kleinen Verbrecher bestraft, und die großen Verbrecher hat er angebetet. Wer ist Alexander der Große? – ein großer Verbrecher. Er hat massenweise Menschen gemordet. Allein Adolf Hitler hat Millionen von Menschen getötet, aber er wird in die Geschichte eingehen als ein großer Führer der Menschheit.

Napoleon Bonaparte, Iwan der Schreckliche, Nadirschah, Dschingis Khan, Tamerlan sind allesamt Verbrecher auf Massenebene. Aber vielleicht sind ihre Verbrechen so groß, daß ihr es euch gar nicht ausmalen könnt... sie haben Millionen von Menschen umgebracht, haben Millionen von Menschen bei lebendigem Leibe verbrannt. Aber sie gelten nicht als Verbrecher. Und ein kleiner Taschendieb, der dir einen Fünfmarkschein aus der Tasche holt, wird vom Gericht verurteilt werden.

Wenn das Privateigentum erst einmal verschwindet – und in der Kommune wird es kein Privateigentum geben, wird alles allen gehören –, hört natürlich alles Stehlen auf. Ihr stehlt ja auch kein Wasser und hortet es, ihr stehlt keine Luft. Eine Kommune muß alles in solchem Überfluß hervorbringen, daß selbst ein beschränkter Mensch nicht darauf kommen kann, es zu horten. Wozu auch? Es ist immer da – frisch.

Und wenn jedes Kind von Anfang an mit einer Ehrfurcht vor dem Leben aufwächst – mit Ehrfurcht vor den Bäumen, einfach weil sie leben, mit Ehrfurcht vor Tieren, mit Ehrfurcht vor Vögeln – glaubt ihr vielleicht, so ein Kind könnte eines Tages zum Mörder werden?

Geld muß aus der Gesellschaft verschwinden. Eine Kommune braucht kein Geld. Eure Bedürfnisse sollten von der Kommune erfüllt werden. Alle müssen produzieren, und alle müssen die Kommune reicher und wohlhabender machen – mit dem stillschweigenden Einverständnis, daß ein paar Leute auch faulenzen werden. Der eine ist ein Poet, der andere ist ein Maler, der dritte spielt einfach immer nur seine Flöte – aber ihr liebt diesen Menschen. Ein gewisser Prozentsatz an Faulenzern wird wohlwollend geduldet. Ja, eine Kommune, die nicht auch ein paar Faulenzer hat, wird nicht so reich sein wie andere Kommunen mit ein paar faulen Leuten, die nichts anderes tun als meditieren, die nichts anderes tun als nur immer auf ihrer Gitarre zu spielen, während andere auf den Feldern rackern. Wir müssen die Dinge etwas menschlicher sehen lernen: diese Leute sind keineswegs unnütz. Sie produzieren selbstverständlich keine Waren, aber sie produzieren eine gewisse fröhliche, heitere Atmosphäre. Ihr Beitrag ist wesentlich und wichtig.

Mit dem Verschwinden des Geldes als Tauschmittel werden viele Verbrechen verschwinden. Im gleichen Maße, wie die Religionen verschwinden, mitsamt ihren repressiven Hirngespinsten und Moralvorstellungen, werden Verbrechen wie Vergewaltigung, Perversionen wie Homosexualität, Krankheiten wie Aids völlig von der Erdoberfläche verschwinden. Und wenn jedes Kind von Anfang an mit einer Ehrfurcht vor dem Leben aufwächst – mit Ehrfurcht vor den Bäumen, einfach weil sie leben, mit Ehrfurcht vor Tieren, mit Ehrfurcht vor Vögeln – glaubt ihr vielleicht, so ein Kind könnte eines Tages zum Mörder werden? Wohl kaum.

Und wenn das Leben voll Freude ist, voller Lieder und Tänze, glaubt ihr vielleicht, daß dann noch jemand Selbstmord begehen möchte? Neunzig Prozent aller Verbrechen werden dann automatisch verschwinden; vielleicht bleiben dann ganze zehn Prozent von allen Verbrechen noch übrig, und die sind genetisch bedingt und brauchen Krankenbehandlung – aber keine Gefängnisse, Zuchthäuser und Todesstrafen! Das alles ist so abscheulich, so unmenschlich, so wahnsinnig.

**Die neue Kommune, der neue Mensch,
kann ohne jedes Gesetz leben,
ohne jede Gesellschaftsordnung.
Liebe wird sein Gesetz sein,
Einsicht seine Gesellschaftsordnung.**

Die neue Kommune, der neue Mensch, kann ohne jedes Gesetz leben, ohne jede Gesellschaftsordnung. Liebe wird sein Gesetz sein, Einsicht seine Gesellschaftsordnung.

Und in allen kniffligen Fällen wird die Wissenschaft das letzte Wort haben.

MACHT DIE MENSCHHEIT GLÜCKLICHER

UNGLÜCKLICHE MENSCHEN sind gefährlich, einfach weil es ihnen egal ist, ob die Erde überlebt oder nicht. Sie sind so unglücklich, daß sie insgeheim vielleicht denken, es wäre besser, alles ginge zu Ende. Was kümmert's dich, wenn du im Unglück lebst? Nur glückliche Menschen, ekstatische Menschen, tanzende Menschen möchten, daß die Erde ewig weiterlebt.

Ernst ist nur eine Krankheit der Seele: Ehrlichkeit ist dagegen etwas ganz anderes.

Ein ernster Mensch kann nicht lachen, kann nicht tanzen, kann nicht spielen. Er hat sich immer unter Kontrolle, er hat sich zu seinem eigenen Gefängniswärter gemacht. Ein ehrlicher Mensch kann sich ehrlich freuen, kann ehrlich tanzen, kann ehrlich lachen. Und dann stimmt der Körper in das Lachen ein, stimmt der Geist in das Lachen ein, stimmt das ganze Sein in das Lachen ein – die trennenden Grenzen verschwimmen, die schizophrene Persönlichkeit verschwindet.

Lachen gibt dir deine Energie zurück.

Dir das Lachen zu rauben, ist spirituelle Kastration.

Die Menschen, die sich um mich versammelt haben, lernen es, glücklicher zu werden, meditativer zu werden, zu lachen, mehr zu leben, mehr zu lieben, und die Liebe und das Lachen in die ganze Welt hinaus zu tragen. Dies ist der einzige Schutz gegen Atomwaffen.

Wenn der ganze Erdball lernt zu lieben und zu lachen und zu genießen und zu tanzen, dann werden Ronald Reagan und Mikhail Gorbatschow große Augen machen: Was ist denn nun los? Ist denn die ganze Welt verrückt geworden? Menschen, die glücklich und zufrieden sind, sind nicht die Menschen, die sich dazu zwingen lassen, andere Menschen, die ihnen nichts getan haben, zu töten.

Es ist kein Wunder, daß alle Armeen der Welt seit Menschengedenken sexuell unterdrückt gehalten wurden – denn diese sexuell unterdrückten Menschen sind zwangsläufig destruktiv. Die Verdrängung zwingt sie geradezu, etwas kaputtzumachen.

**Es ist eins der Grundgesetze des Lebens,
daß du erst deine volle Würde erlangst,
wenn du kreativ wirst.
Deine Kreativität bringt Freiheit, Stärke,
Intelligenz und Bewußtheit.**

Habt ihr es nie an euch selbst bemerkt, daß ihr, wenn ihr glücklich und froh seid, ihr etwas Kreatives tun möchtet? Wenn ihr unglücklich seid und leidet, möchtet ihr etwas zerstören. Es ist eine Art Rache. Alle Militärs werden in einem Zustand unterdrückter Sexualität gehalten, sodaß der Augenblick, wo sie töten dürfen, ihr einziges Glück wird. Wenigstens dürfen ihre unterdrückten Energien endlich zum Ausdruck kommen – natürlich auf eine sehr ekelhafte Weise, eine sehr unmenschliche Weise. Aber es ist ein gewisses Ventil.

Habt ihr je bemerkt, daß Maler, Dichter, Bildhauer, Tänzer niemals sexuell unterdrückte Menschen sind? Im Gegenteil – sie sind übersexuell, sie lieben zuviel. Sie lieben zu viele Menschen. Vielleicht reicht eine Person nicht, um ihre Liebe zu erschöpfen. Seit Menschengedenken singen die Priester die gleiche Leier über sie: „Diese Poeten, Maler, Bildhauer, Musiker, das sind keine guten Menschen." Dabei sind es die einzigen Menschen, die aus dieser Menschheit etwas Schönes gemacht haben, die der Welt ein paar Blumen der Freude, ein paar Blumen der Musik, ein paar schöne Tänze geschenkt haben.

Es ist eins der Grundgesetze des Lebens, daß du erst deine volle Würde erlangst, wenn du kreativ wirst. Deine Kreativität bringt Freiheit, Stärke, Intelligenz und Bewußtheit.

Was haben die Priester der Welt geschenkt? Sie haben Frauen verbrannt, haben sie „Hexen" genannt. Sie haben Menschen getötet, die einen anderen Glauben hatten. Sie waren keine kreativen Menschen. Sie haben die Erde nicht verschönert, und sie haben das Leben nicht verschönert.

Was wir brauchen, ist eine enorme Achtung vor den kreativen Menschen aller Art. Und wir sollten lernen, unsere Energien zu transformieren, damit sie nicht unterdrückt werden, damit sie in eurer Liebe, in eurem Lachen, in eurer Freude zum Ausdruck kommen. Und diese Erde ist mehr als ein Paradies – ihr braucht nirgendwoanders hinzugehen.

Aber das Paradies ist kein Ort, wo man hingelangen muß, sondern etwas, das erst erschaffen werden muß. Es hängt von uns ab.

> **Diese Atomwaffen und diese destruktiven Kriegsmaschinerien können nicht von selbst funktionieren. Sie werden von Menschen bedient; hinter ihnen sind menschliche Hände. Eine Hand, die um die Schönheit einer Rose weiß, kann nicht eine Bombe auf Hiroshima abwerfen.**

Diese Krise gibt mutigen Menschen eine Chance, die Vergangenheit an den Nagel zu hängen und auf eine ganz neue Art und Weise zu leben – nicht in abgewandelter Form, nicht als Fortsetzung der Vergangenheit, nicht als Verbesserung der Vergangenheit, sondern absolut neu.

Und es muß jetzt passieren – denn die Zeit ist sehr knapp. Ende des zwanzigsten Jahrhunderts werden wir entweder in das erste Jahrhundert einer neuen Menschheitsgeschichte eintreten, oder aber es wird niemand mehr übrig sein, nicht einmal eine wilde Blume wird noch am Leben sein.

Außer den Neutronenbomben, die es schon gibt, experimentiert man in der Sowjetunion, und vielleicht auch in Amerika, jetzt auch mit Todesstrahlen. Statt die Bombe abzuwerfen, ist es sehr viel leichter, Todesstrahlen auszustreuen, die einfach alle lebenden Menschen, alle Tiere, alle Vögel und Bäume töten. Nur tote Sachen – Häuser, Kirchen – werden bleiben. Das wäre dann wirklich ein Alptraum. Und diese Todesstrahlen sind nicht sichtbar. Wir wissen, daß es sie bereits gibt; man versucht nur noch herauszufinden, wie man sie aussendet, wie man sie auf ein bestimmtes Ziel richten und alles Lebendige zerstören kann, das ihnen in die Quere kommt.

Wir brauchen mehr glückliche Menschen überall auf der Welt, um den dritten Weltkrieg abzuwenden. Diese Atomwaffen und diese destruktiven Kriegsmaschinerien können nicht von selbst funktionieren. Sie werden von Menschen bedient; hinter ihnen sind menschliche Hände. Eine Hand, die um die Schönheit einer Rose weiß, kann nicht eine Bombe auf Hiroshima abwerfen. Eine Hand, die um die Schönheit der Liebe weiß, ist nicht die Hand, die ein Gewehr hält, mit Tod geladen. Denkt nur ein wenig nach, und ihr werdet verstehen, was ich sage.

Was ich sage, ist: verbreitet Lachen um euch, verbreitet Liebe, verbreitet lebensbejahende Werte; laßt mehr Blumen wachsen rund um die Erde. Preist alles, was schön ist, und prangert alles an, was unmenschlich ist.

Wenn ihr wollt, daß die Welt etwas völlig Neues wird, mit einem neuen menschlichen Bewußtsein, dann werdet ihr diese ganze Erde den Politikern und den Priestern aus den Händen nehmen müssen.

*Auf einen einzigen Satz gebracht,
kann ich sagen: wenn es uns gelingt,
die Menschheit glücklicher zu machen,
wird es keinen dritten Weltkrieg geben.*

Der Mensch muß von diesen Monstren befreit werden.

Unsere Arbeit ist es, die Menschen Bewußtheit zu lehren – mehr Wachheit, mehr Liebe, mehr Verständnis, mehr Freude. Und wir müssen den Tanz und den Jubel um die ganze Erde tragen.

Auf einen einzigen Satz gebracht, kann ich sagen: wenn es uns gelingt, die Menschheit glücklicher zu machen, wird es keinen dritten Weltkrieg geben.

Teil III
Die Weltakademie für Kreative Wissenschaft, Kunst & Bewußtsein

DIE GRÖSSTE SYNTHESE

ALLE WISSENSCHAFT WIRD nur noch dazu da sein, das Leben komfortabler, luxuriöser, schöner zu gestalten; und Meditation wird ein untrennbarer Bestandteil der Erziehung sein – auf der ganzen Welt. Und aus dem Gleichgewicht zwischen diesen beiden wird der ganzheitliche Mensch entstehen.

Ohne Meditation kannst du weder die nötige Klarheit gewinnen, noch jene innere Ruhe, jene Sehweise, die schlicht und unschuldig ist.

Ich möchte, daß unser Ort hier langsam zu einer Weltakademie der Wissenschaften im Dienste der Kreativität wird. Es wird vielleicht die größte Synthese aller Zeiten werden.

Die Suche nach religiöser Wahrheit verhindert in keiner Weise die Suche nach der objektiven Realität, weil beide Bereiche absolut getrennt sind. Sie überschneiden sich nicht. Du kannst Wissenschaftler sein und zugleich Meditierer. Ja, je tiefer du in die Meditation eindringst, desto mehr Klarheit, desto mehr Intelligenz, desto mehr Genie wirst du in dir aufblühen sehen. Hieraus kann eine völlig neue Wissenschaft entstehen.

Wie ich es sehe, wird die neue Wissenschaft *eine* einzige Wissenschaft sein, die zwei Dimensionen hat: die eine Dimension arbeitet in der Außenwelt, die andere Dimension in der Innenwelt. Und ein einziges Wort deckt beides ab: das Wort „Wissenschaft" ist ein sehr schönes Wort, es bezeichnet Wissen schlechthin.

Die Methode der Wissenschaft ist Beobachtung. Die Methode der Religiosität ist ebenfalls Beobachtung, aber da heißt sie Meditation. Meditation ist die Beobachtung deiner eigenen Subjektivität.

Die Wissenschaft nennt ihre Arbeit „Experiment", und die Religiosität spricht von „Experienz" – Erfahrung. Sie fangen beide am selben Punkt an, aber sie gehen in entgegengesetzte Richtungen – die Wissenschaft geht nach außen und die Religiosität geht nach innen.

Mich interessiert absolut nichts, was nicht in der Vernunft, in der Logik, im Experiment, in der Erfahrung verwurzelt ist.

Die alte Wissenschaft entstand als Reaktion gegen die Religion. Die

Wie ich es sehe, wird die neue Wissenschaft eine einzige Wissenschaft sein, die zwei Dimensionen hat: die eine Dimension arbeitet in der Außenwelt, die andere Dimension in der Innenwelt.

---

neue Wissenschaft, von der ich rede, kommt nicht aus der Reaktion gegen irgendetwas, sondern aus dem Überfluß an Energie, Intelligenz, Kreativität. Die Politik hat die Wissenschaft korrumpiert, weil Krieg ihr einziges Interesse ist. Die Religionen waren gegen die Wissenschaft, weil sie selber abergläubisch waren, und die Wissenschaft all ihre Götter und all ihren Aberglauben zertrümmerte. Die Wissenschaft hat drei sehr schwere Jahrhunderte hinter sich – auf der einen Seite mußte sie gegen die Religion kämpfen, und auf der anderen Seite fiel sie unbewußt den Politikern in die Hände.

Ich möchte, daß dieser Ort wächst, und ich treffe Vorbereitungen für eine Weltakademie der Wissenschaften und Künste; sie wird ausschließlich lebensbejahenden Zwecken gewidmet sein.

Die Wissenschaft, die zu Hiroshima und Nagasaki und zur Vernichtung von Tausenden führen kann, von Menschen, Tieren, Vögeln, und ohne jeden Grund – nur weil die Politiker sehen wollten, ob Atomenergie funktioniert oder nicht –, dieselbe Wissenschaft kann mehr Nahrungsmittel erzeugen, mehr Leben, eine bessere Gesundheit und mehr Intelligenz in allen Lebensbereichen. Aber erst muß sie den Politikern aus den Händen genommen werden. Und sie darf sich auch nicht um Religionen scheren. Die Wissenschaftler haben früher nur deshalb auf die Religionen Rücksicht genommen, weil sie selber von den gleichen Religionen konditioniert worden waren.

Ich hatte Kontakt mit vielen Wissenschaftlern – Nobelpreisträgern, die sich heute in anderen Ländern für meine Rechte einsetzen. Diese Nobelpreisträger werden zusammen mit anderen namhaften Wissenschaftlern und Künstlern aller Art die Akademie ins Leben rufen; und sie werden alles tun, um die ganze destruktive Tendenz der Wissenschaft umzuwenden.

Unsere Sannyasins* – unter denen es viele Wissenschaftler, Künstler, Ärzte gibt – werden der Akademie helfen. Wir werden Stipendien arrangieren, und dann können Menschen aus aller Welt herkommen und eine neue Art von Wissenschaft studieren, eine neue Art von Kunst, die das

* So nennen sich die Schüler Bhagwans

*...wenn sich die Wissenschaftler überall auf der Welt
dem Zugriff der Politiker entziehen,
erlöscht alle Macht der Politiker.
Sie sind nicht mächtig – der Wissenschaftler
hinter ihnen ist die Macht.*

Leben bestätigt, die mehr Liebe in der Menschheit weckt und auf die letzte Revolution – eine einzige Weltregierung – vorbereitet.

Und die Weltakademie für kreative Wissenschaft, Kunst und Bewußtsein wird der erste Schritt sein; denn wenn sich die Wissenschaftler überall auf der Welt dem Zugriff der Politiker entziehen, erlöscht alle Macht der Politiker. Sie sind nicht mächtig – der Wissenschaftler hinter ihnen ist die Macht. Und das Problem des Wissenschaftlers ist nur, daß es nirgendwo auf der Welt ein Institut gibt, das dem Wissenschaftler genug Materialien, Instrumente, Maschinen zur Verfügung stellt, um arbeiten zu können.

Die Akademie wird in der ganzen Welt Unterstützung finden, von allen Wissenschaftlern, ohne Ausnahme, denn inzwischen sehen alle ein, daß sie dem Tod und nicht dem Leben dienen.

Wir können die größte Bibliothek für wissenschaftliche Forschung haben, und Sannyasins können dort arbeiten und studieren. Die Synthese wird darin bestehen, daß jeder, der in dem Institut arbeitet, ebenfalls meditieren wird, denn solange die Meditation nicht tief dringt, bleiben die Quellen der Liebe in euch unerschlossen, bleibt die Blüte eurer Seligkeit, eures Glückes aus.

Der Mensch ist nicht für die Wissenschaft da; die Wissenschaft ist für den Menschen da.

Aber die Wissenschaft kann von ungeheurer Bedeutung sein, wenn alle Wissenschaftler der Welt, die jetzt an der Herstellung destruktiver Macht mitarbeiten, aus ihren Positionen entfernt werden. Sie wollen da selber raus, aber sie wissen nicht wohin. Wir müssen ihnen einen Ort bereitstellen. Sie haben alle Schuldgefühle...

Albert Einstein starb mit abgrundtiefen Schuldgefühlen, weil er mitgeholfen hatte, Atombomben herzustellen, und diese Atombomben dem amerikanischen Präsidenten Roosevelt ausgeliefert worden waren. Kaum waren diese Bomben in den Händen der Politiker, schrieb Albert Einsteine ihnen immer neue Briefe des Inhalts: „Ihr dürft sie nicht einsetzen, ihr dürft sie nur als letztes Mittel behalten." Aber niemand kümmerte sich

Es gibt also ein enormes Vakuum, das ich durch eine Weltakademie für kreative Wissenschaft, Kunst und Bewußtsein füllen möchte – ausschließlich einer besseren Menschheit gewidmet, einer besseren, reineren, gesünderen Atmosphäre und der Wiederherstellung der Ökologie.

um diese Briefe – kein Hahn krähte danach. Und die Bomben wurden ohne jeden Sinn und Zweck eingesetzt.

Die Wissenschaftler sind in der Klemme. Auf sich allein gestellt können sie nicht arbeiten, sie müssen unter einer Regierung arbeiten. Das Interesse der Regierung ist Rüstung. Und vonseiten der Religionen können die Wissenschaftler keine Unterstützung erwarten, denn was immer sie entdecken, zerstört nur immer mehr deren religiöse Hirngespinste. Es gibt also ein enormes Vakuum, das ich durch eine Weltakademie für kreative Wissenschaft, Kunst und Bewußtsein füllen möchte – ausschließlich dem Leben, der Liebe und dem Lachen gewidmet – ausschließlich dem Ziel gewidmet, auf eine bessere Menschheit hinzuarbeiten, auf eine bessere, reinere, gesündere Atmosphäre und die Wiederherstellung der Ökologie.

Das Allerwichtigste für die Akademie wird sein, eine *reine* Wissenschaft zu schaffen – ebenso wie ich alles daransetze, um eine *reine* Religiosität zu schaffen. Der Mensch kann in seinem Inneren eine reine Religiosität haben – was Liebe heißt, was Stille heißt, was Meditation heißt – und im Äußeren ebenso einen Sinn für reine Wissenschaft, bei der keine Einzelwissenschaft mehr unnötig gegen eine andere anarbeitet.

Noch etwas anderes muß die Akademie in Angriff nehmen, etwas sehr Wichtiges... Bis auf den heutigen Tag hat sich die Wissenschaft durch Zufall entwickelt. Es gab kein Gefühl von Richtung. Die Leute machten einfach immer nur eine Entdeckung nach der anderen, egal was, ohne zu wissen, wozu. Schon auf dieser Zufallsspur haben sie vieles geleistet, aber jetzt dient all das der Zerstörung. Eine reine Wissenschaft wird allen Wissenschaften eine Orientierung und Einheit geben, und dann wird die Wissenschaft als Ganzes arbeiten, nicht in lauter Aufsplitterungen.

So, wie es heute steht, hat sich jede Wissenschaft dermaßen spezialisiert, daß keine Wissenschaft mehr weiß, was die andere tut. Das ist eine gefährliche Situation, aber sie läßt sich vermeiden. Sie ließ sich solange nicht vermeiden, wie man sich auf die menschliche Intelligenz allein verließ. Über alle Details auch nur eines einzigen Wissenszweiges Bescheid

**Und wenn wir erst einmal
die ganze Menschheit auf die Gefahren
unserer vergangenen Lebensweise
aufmerksam gemacht haben, und wohin uns
die Vergangenheit führt, nämlich
zum globalen Selbstmord...**

zu wissen, ist heute eine unmögliche Aufgabe – geschweige denn über alle Wissenschaften mit ihren Einzelheiten. Der Verstand ist dazu einfach nicht in der Lage.

Aber der Computer öffnet hier eine neue Tür.

Durch den Computer können alle Wissenschaften zu einer „Wissenschaft an sich" verdichtet werden. Und der Computer kann sogar aufspüren, wo sich Diskrepanzen zwischen verschiedenen Wissenschaftszweigen ergeben. Er kann mithelfen, das Gesamtgeflecht der Wissenschaft organisch zu gestalten, damit nicht der eine Zweig gegen den anderen Zweig arbeitet.

Es gibt so vieles, was die Weltakademie tun muß! Sie muß auf der ganzen Welt die Einsicht verbreiten, daß Elend unnatürlich ist, daß Traurigkeit Krankheit ist, daß die Lust auf Macht einer psychiatrischen Behandlung bedarf, daß ein Mensch, der immer nur noch mehr Geld anhäuft, wahnsinnig ist.

Und wenn wir erst einmal die ganze Menschheit auf die Gefahren unserer vergangenen Lebensweise aufmerksam gemacht haben, und wohin uns die Vergangenheit führt, nämlich zum globalen Selbstmord, dann wird es nicht schwer sein, die Intelligenten, die Jungen, davon zu überzeugen, die Vergangenheit an den Nagel zu hängen und die allergrößte Herausforderung anzunehmen – eine goldene Zukunft herbeizuführen.

Die Weltakademie, gewidmet der Kreativität auf allen Gebieten, wird Wirklichkeit werden. Diese Welt wird nicht von idiotischen Politikern zugrunde gerichtet werden. Auf der ganzen Welt sind sie nur damit beschäftigt, den Scheiterhaufen für die gesamte Menschheit zu errichten. Wir werden dem Einhalt gebieten. Und wenn sie unbedingt wollen, werden wir ihnen sagen: „Springt doch selber auf den Scheiterhaufen!"

Sobald wir die Priester und Politiker loswerden können, wird die ganze Erde voller Frieden, Stille, Liebe sein... lauter Blumen und lauter Regenbogen. Wir waren in den falschen Händen; die Weltakademie muß eine Atmosphäre schaffen, in der diese falschen Hände keine Macht mehr haben.

Wir waren in den falschen Händen; die Weltakademie muß eine Atmosphäre schaffen, in der diese falschen Hände keine Macht mehr haben.

Die Weltakademie ist eine bewußte Anstrengung, alles, was wir tun, in dem vollen Bewußtsein zu tun, was es für Konsequenzen hat. In kleinen Experimenten läßt sich eine Vorstellung darüber gewinnen, was die Konsequenzen im Großen sein werden. Im Augenblick gibt es Tausende von wissenschaftlichen Erfindungen, die von den Lobbies der Interessenverbände aufgekauft wurden und nun in ihren Kellern liegen; sie sind nie zum Nutzen der Menschen auf den Markt gekommen.

Bei dem Wahnsinn, den wir jetzt treiben, indem wir die Erde ausbeuten und verschmutzen, wird jede Erfindung zwangsläufig zu einschneidenden Veränderungen führen. Vielleicht müssen viele Industrien geschlossen werden, weil ein besseres Produkt, ein lebensfreundlicheres Produkt, zur Verfügung steht. Jetzt werden diese Industriellen versuchen, die Rechte zu kaufen und diese wissenschaftlichen Erfindungen der Menschheit vorzuenthalten.

Ich möchte, daß unser Ort hier die erste Synthese zwischen Religiosität und einer wissenschaftlichen Einstellung zum Leben wird.

Damit wird sich mein Traum erfüllen, daß das Innere und das Äußere des Menschen nicht getrennt sind. Und es ist absolut möglich, da gibt es keine Schwierigkeit. Ich habe die richtigen Quellen gefunden, und so könnt ihr über die Tatsache jubeln, daß dieser Ort bald die Welt-Metropole von Wissenschaft und Religion sein wird. Und wenn erst einmal die Regierungen erleben, wie ihre Wissenschaftler verschwinden, wird die Weltregierung eine reale Möglichkeit.

Wissenschaft sollte nicht das Monopol eines bestimmten Staates, eines bestimmten Landes sein; die bloße Vorstellung ist dumm. Wie kann Wissenschaft monopolisiert werden? Und jedes Land versucht, die Wissenschaftler zu monopolisieren, ihre Erfindungen geheim zu halten. Das verstößt gegen die Menschheit, gegen die Natur, gegen die Existenz.

Was immer ein Genie entdeckt, sollte im Dienst des Ganzen stehen.

Das wird eine große Revolution in der Geschichte des Menschen sein. Die ganze Macht wird in den Händen der Wissenschaftler sein, die nie

Die Wissenschaftler müssen den Mut aufbringen und erklären, daß sie keinem Staat gehören und keiner Religion, und daß alles, was sie leisten werden, der ganzen Menschheit zugute kommt.

---

jemandem etwas zuleide getan haben. Und wenn erst einmal alle Macht in den Händen der Wissenschaftler liegt, werden die Politiker von selbst verblassen. Sie haben die Wissenschaftler für ihre Zwecke ausgebeutet; und sich von jemandem ausbeuten zu lassen, ist kein Akt der Würde.

Die Wissenschaftler sollten sich ihrer Würde bewußt werden, sie sollten sich ihrer Individualität bewußt werden. Sie sollten sich bewußt machen, daß sie von den Priestern und den Politikern seit eh und je ausgebeutet worden sind.

Es ist jetzt an der Zeit zu erklären, daß sich die Wissenschaft auf ihre eigenen Füße stellen wird. Die Wissenschaftler müssen den Mut aufbringen und erklären, daß sie keinem Staat gehören und keiner Religion, und daß alles, was sie leisten werden, der ganzen Menschheit zugute kommt. Das wird eine große Freiheit sein – und ich kann nichts Unmögliches daran erkennen.

DER KÖRPER
IST DIE TÜR

DIESE AKADEMIE kann sich nicht nur auf die Wissenschaft beschränken; denn die Wissenschaft macht nur einen Teil der menschlichen Wirklichkeit aus. Die Akademie muß allumfassend sein. Sie hat für Kreativität, für Kunst, für Bewußtsein dazusein. Die Wissenschaft richtet sich auf die äußere Welt, das Bewußtsein richtet sich auf die innere Welt – und Kunst ist die Brücke zwischen den beiden.

Darum wird es drei Bereiche geben, Hauptbereiche – nicht zu trennen, aber aus praktischen Gründen hier getrennt aufgeführt.

Das Grundelement wird sein, Methoden, Techniken, Mittel und Wege zu finden, um das menschliche Bewußtsein zu heben. Und mit Sicherheit kann dieses Bewußtsein kein Feind des Körpers sein; dieses Bewußtsein wohnt schließlich im Körper. Es ist unakzeptabel, sie als Feinde zu betrachten. In jeder Hinsicht unterstützen sie einander. Ich sage etwas zu euch, und meine Hand macht eine Geste – ich muß es der Hand nicht erst befehlen. Es herrscht eine tiefe Synchronizität zwischen mir und meiner Hand.

Du gehst, du ißt, du trinkst, und all diese Dinge zeigen an, daß du Körper und Bewußtsein zugleich bist, als organisches Ganzes. Du kannst nicht deinen Körper quälen und dabei dein Bewußtsein heben. Der Körper muß geliebt werden, du mußt ihm ein enger Freund sein. Er ist dein Heim. Du mußt ihn von allem Abfall reinigen, und du mußt dich daran erinnern, daß er dir ständig zu Diensten ist, tagein, tagaus: er verdaut, verwandelt deine Nahrung zu Blut, entfernt die toten Zellen aus dem Körper, holt neuen Sauerstoff, frischen Sauerstoff in den Körper... während du fest schläfst.

Er tut das alles für dein Überleben – damit du leben kannst, obwohl du so schnöde bist, daß du deinem Körper noch nie auch nur gedankt hast. Im Gegenteil – eure Religionen haben euch gelehrt, ihn zu quälen, und daß der Körper euer Feind sei und ihr euch vom Körper und seinen Fesseln frei machen müßtet. Ich weiß auch, daß ihr mehr seid als nur der Körper, und daß es nicht nötig ist, seinen Fesseln verfallen zu sein. Aber Liebe ist keine Fessel, Mitgefühl ist keine Fessel. Liebe und Mitgefühl sind

Jede Erziehung, die das Thema Körper und Bewußtsein nicht einbezieht, ist nicht nur absolut mangelhaft, sondern auch durch und durch schädlich.

---

absolut notwendig für euren Körper – sie nähren ihn. Und je besser sich euer Körper fühlt, desto größer die Möglichkeit, daß das Bewußtsein wächst. Es ist eine organische Einheit.

Die Welt braucht eine völlig neue Erziehung, bei der jeder grundsätzlich in die Stille des Herzens eingeführt wird, mit anderen Worten: in Meditation; bei der jeder dazu erzogen wird, feinfühlig mit seinem eigenen Körper umzugehen, denn wenn du für deinen eigenen Körper kein Gefühl hast, kannst du auch kein Gefühl für einen anderen Körper haben.

Der Körper ist das größte Mysterium in der ganzen Existenz. Dieses Mysterium muß geliebt werden, tief erforscht werden – seine Geheimnisse, seine Funktionen.

Aber unglückseligerweise sind die Religionen immer strikt gegen den Körper gewesen – ein Zeichen, ja ein Wink mit dem Zaunpfahl dafür, daß ein Mensch, der die Weisheit des Körpers und das Geheimnis des Körpers kennt, auf jeden Priester oder Gott pfeifen wird. Er wird in sich selber das größte Geheimnis gefunden haben. Und im Geheimnis des Körpers verbirgt sich das Allerheiligste deines Bewußtseins.

Und wenn du dir erst einmal deines Bewußtseins innegeworden bist, deines Seins, dann ist kein Gott über dir. Nur so ein Mensch kann anderen Menschen, anderen Lebewesen gegenüber Achtung empfinden, denn sie sind so geheimnisvoll wie er selbst – in verschiedenen Ausdrucksformen und Spielarten, die alle das Leben nur reicher machen.

Sobald ein Mensch das Bewußtsein in sich selber gefunden hat, hat er den Schlüssel zum Allerhöchsten gefunden.

Eine Erziehung, die dich nicht lehrt, deinen Körper zu lieben, dich nicht lehrt, deinem Körper mitfühlend zu begegnen, dich nicht lehrt, wie du in seine Geheimnisse eindringen kannst, wird dich auch nicht lehren können, wie du in dein eigenes Bewußtsein eindringst.

Der Körper ist die Tür, der Körper ist eine Stufe. Und jede Erziehung, die das Thema Körper und Bewußtsein nicht einbezieht, ist nicht nur absolut mangelhaft, sondern auch durch und durch schädlich, weil sie

*Für mich ist derjenige ein religiöser Mensch,
der ein wenig Schönheit in die Welt bringt,
ein wenig Freude, ein wenig Glück,
ein wenig Festlichkeit.*

---

immer nur destruktiv sein kann. Allein das Aufblühen des Bewußtseins in dir kann dich davon abhalten, destruktiv zu sein, kann dir einen ungeheuren Schaffensdrang geben, mehr Schönheit in die Welt zu setzen, mehr Annehmlichkeiten in die Welt zu setzen.

Darum nehme ich die Kunst als zweiten Bereich mit hinein in die Akademie. Kunst ist die bewußte Anstrengung, Schönheit zu schaffen, Schönheit zu entdecken, das Leben froher zu machen, euch das Tanzen, das Feiern zu lehren.

Und der dritte Bereich ist Bewußtsein. Kunst kann Schönheit kreieren. Wissenschaft kann objektive Wahrheit aufdecken. Und Bewußtheit kann subjektive Wirklichkeit aufdecken. Diese drei zusammen runden jedes Erziehungssystem ab. Alles andere ist zweitrangig – vielleicht nützlich für weltliche Zwecke, aber unnütz für spirituelles Wachstum, unnütz, um dich zu den Quellen der Freude, der Liebe, des Friedens, der Stille hinzuführen. Und der Mensch, der die innere Ekstase nie erfahren hat, hat umsonst gelebt, hat unnütz gelebt. Er hat vegetiert, hat sich vom Mutterschoß zum Grab geschleppt, aber er hat nicht tanzen können und nicht singen können und der Welt nichts geben können.

Für mich ist derjenige ein religiöser Mensch, der ein wenig Schönheit in die Welt bringt, ein wenig Freude, ein wenig Glück, ein wenig Festlichkeit, die vorher nicht da war – etwas Neues, etwas Frisches, ein paar mehr Blumen. Aber Religion ist bisher noch nie so definiert worden, wie ich sie definiere. Und wie immer man auch Religion bisher definiert hat, es war immer häßlich und falsch. Diese Definitionen haben der Menschheit nicht geholfen, zu den Höhen der Freude und der Schönheit und der Liebe aufzusteigen; sie haben die ganze Menschheit in Unglück und Leid ertränkt. Sie haben euch nicht die Freiheit gelehrt – im Gegenteil, sie haben euch zu allen möglichen Sklavereien gezwungen, im Namen des Gehorsams. Gehorsam wem gegenüber? Gehorsam gegenüber den Priestern, Gehorsam gegenüber denen, die Geld haben, Gehorsam gegenüber denen, die Macht haben: kurz, Gehorsam gegenüber allen eingefleischten Machtinteressen.

***...nur ein wenig Aufmerksamkeit,
nur ein wenig Wachheit,
nur ein wenig Einsicht.***

Eine kleine Minderheit hat die gesamte Menschheit seit eh und je unterjocht. Nur eine richtige Erziehung kann diese häßliche und kranke Situation ändern.

Meine Vorstellung von einer Weltakademie für kreative Wissenschaft, Kunst und Bewußtsein ist im Grunde, anders ausgedrückt, meine Vision von einer wirklichen Religion. Der Mensch braucht einen besseren Körper, einen gesünderen Körper; der Mensch braucht ein bewußteres, wacheres Sein. Und der Mensch braucht alle möglichen Bequemlichkeiten und Luxusgüter – die ihm die Existenz gern zur Verfügung stellt.

Die Existenz ist bereit, euch das Paradies zu geben, hier und jetzt. Aber ihr schiebt es immer nur hinaus: es kommt immer erst nach dem Tode. Mir geht es nur darum, euch klarzumachen, daß das Paradies schon da ist, daß es nirgendwo sonst ein Paradies gibt. Und es bedarf keiner Vorbereitung, um glücklich zu sein, keiner Disziplin, um liebevoll zu sein – nur ein wenig Aufmerksamkeit, nur ein wenig Wachheit, nur ein wenig Einsicht.

DIE GOLDENE ZUKUNFT

IN WIRKLICHKEIT gibt es nicht viele Probleme. Die Probleme, von denen die Leute reden – wie z.B. im UNO-Report „Unsere gemeinsame Zukunft" – sind nur Begleiterscheinungen; sie sind nur Ableger. Und die lassen sich unmöglich beseitigen. Ihr könnt sie zwar abschneiden, aber das ist nur eine vorübergehende Maßnahme. Aber selbst das Abschneiden wird nicht leicht sein, denn der ganze Geist der Orthodoxie wird sich gegen eine solche Aktion wehren.

Nur zwei Dinge sind nötig. Erstens ist eine Weltregierung absolut und dringend notwendig, und zweitens brauchen wir eine Weltakademie, die ausschließlich der Kreativität dient. Kein Wissenschaftler sollte noch irgendetwas Destruktives machen dürfen.

Es ist ein großer Moment. Jetzt kann es uns gelingen, *eine* Welt zu schaffen. Diese Krise ist eine goldene Krise, denn die Menschen können sich immer nur unter großem Druck ändern. Solange eine Krise noch erträglich ist, werden die Menschen sie ertragen. Aber wir sind jetzt an einen Punkt gelangt, wo die Dinge nicht mehr erträglich sind. Es ist keine Zeit mehr für Kommissionen und ihre Berichte.

Die Probleme sind sehr einfach. Es muß nur der ganzen Menschheit klargemacht werden, daß diese Probleme menschliche Ursachen haben: ihr selbst verursacht diese Probleme, und ihr verursacht sie immer von neuem. Wenn weit und breit klar wird, daß wir selber diese Probleme immer noch anheizen, dann wird aber auch jeder einsehen, daß wir ihnen unsere Unterstützung entziehen müssen und praktische Schritte ergreifen müssen.

Wenn jemand zum Beispiel ein Weltbürger sein möchte, sollte die UNO einen Weltbürger-Pass ausgeben, damit der Betreffende nicht mehr an irgendeine Nation gebunden ist. Dies sind nur kleine Schritte, aber es können jederzeit große Schritte daraus werden. Sie werden ein Klima schaffen.

Erkennt die Verantwortung: Der Mensch hat sich niemals einer größeren Verantwortung stellen müssen – der Verantwortung, sich von der gesamten Vergangenheit loszusagen, sie aus eurem Dasein auszuradieren.

Der Mensch hat seinem Potential noch nie die Chance gegeben zu wachsen, zu blühen, Erfüllung und Zufriedenheit zu finden.

Diese Erde kann etwas Großartiges sein, etwas Magisches, etwas Wunderbares. Unsere Hände haben es in sich – nur haben wir es noch nie versucht. Der Mensch hat seinem Potential noch nie die Chance gegeben zu wachsen, zu blühen, Erfüllung und Zufriedenheit zu finden.

Die Zukunft sollte nicht einfach nur eine „Hoffnung" und eine „Chance" sein – das sind gräßliche Wörter. Wir sollten uns die Zukunft absolut zu eigen machen. Wir kennen seit langem das Klischee von der goldenen Vergangenheit, obwohl sie niemals golden war. Jetzt können wir eine Zukunft schaffen, die wirklich golden ist.

Also sage ich: der neue Mensch ist die größte Revolution, die es je auf der Welt gegeben hat. Und da wir die alte Welt und ihre Leiden kennen, können wir all ihre Leiden vermeiden, können wir all diese Eifersucht, all diesen Ernst, all diese Wut, all diese Kriege, all diese destruktiven Tendenzen vermeiden.

Der neue Mensch heißt, daß wir keinem erlauben werden, uns im Namen irgendeiner schönen Sache zu opfern. Wir werden unser Leben leben, nicht nach irgendwelchen Idealen, sondern entsprechend unseren eigenen Sehnsüchten, unseren eigenen leidenschaftlichen Intuitionen. Und wir werden von Augenblick zu Augenblick leben; wir werden uns nicht mehr vom „morgen" zum Narren halten lassen – und von Verheißungen auf morgen.

Der neue Mensch ist nicht eine Verbesserung des alten. Er ist nicht dessen Fortsetzung, dessen Veredelung. Der neue Mensch ist die Geburt eines absolut frischen Menschen – ohne jede Vorprägung, ohne jede Nation, ohne jede Religion, ohne jegliche Diskriminierung zwischen Mann und Frau, Schwarz und Weiß, Ost und West oder Nord und Süd.

Der neue Mensch wird das eigentliche Salz der Erde sein. Darum die Freuden des Lebens, die schönen Seiten des Lebens zu vergrößern: mehr Kreativität, mehr Schönheit, mehr Menschlichkeit, mehr Mitgefühl.

Wir können eine totale Transformation durchmachen: wir können unschuldige Menschen, liebende Menschen schaffen, Menschen die in

...dann sind die Lösungen im Grunde sehr einfach.

Freiheit atmen, Menschen, die einander helfen, frei zu sein, die einander Nahrung sind in ihrer Kreativität und Würde und allgemeinen Achtung.

Der neue Mensch ist das Manifest einer neuen Menschheit, einer einigen Menschheit.

Es ist ein großer und glücklicher Moment – daß wir uns in dieser herausfordernden Situation befinden. Dies ist keine Situation, in der die Erde zugrunde gehen wird, wohl aber die Kirchen und die Politiker und alle die, die sich an die Vergangenheit klammern.

Man braucht sich um die Zukunft keine Sorgen zu machen. Die Wissenschaft ist im richtigen Augenblick auf den Plan getreten, um die Herausforderung anzunehmen.

Es ist eine goldene Gelegenheit. Denn wenn der ganzen Menschheit klar wird, wo die Wurzeln der Probleme liegen, dann sind die Lösungen im Grunde sehr einfach.

Dies ist eine Einladung an all die chronischen Optimisten, die spüren, daß wir die Zukunft noch in der Hand haben, die spüren, daß unsere schöne Erde und ihre Bürger noch vor der Selbstzerstörung bewahrt werden können – durch die gemeinsame Anstrengung intelligenter und ehrlicher Leute.

Kontaktadresse:

The World Academy of Creative Science
Arts and Consciousness
17 Koregaon Park
POONA 411 001
Maharashtra Indien

QUELLENLISTE

Der Inhalt dieses Buches wurde folgenden Titeln von
Bhagwan Shree Rajneesh entnommen:

The Book, Series 1-3 (Rajneesh Foundation International, Rajneeshpuram, Oregon, USA, 1984)
From the False to the Truth (The Rebel Publishing House GmbH, Cologne, West Germany, 1988)
The Golden Future (The Rebel Publishing House GmbH, Cologne, West Germany, 1987)
The Great Pilgrimage: From Here to Here (The Rebel Publishing House GmbH, Cologne, West Germany, 1988)
Hari Om Tat Sat – The Divine Sound: That is Truth (to be released by The Rebel Publishing House GmbH, Cologne, West Germany, 1988)
The Last Testament, Volume 1 (Rajneesh Publications, Inc., Boulder, Colorado, USA, 1986)
The New Dawn (to be released by The Rebel Publishing House GmbH, Cologne, West Germany, 1988)
The New Man: The Only Hope for the Future (The Rebel Publishing House GmbH, Cologne, West Germany, 1987)
Om Mani Padme Hum – The Sound of Silence: The Diamond in the Lotos (to be released by The Rebel Publishing House GmbH, Cologne, West Germany, 1988)
Om Shantih Shantih Shantih – The Soundless Sound: Peace Peace Peace (to be released by The Rebel Publishing House GmbH, Cologne, West Germany, 1988)
On Basic Human Rights (Rajneesh Foundation Europe, Zürich, Switzerland, 1987)
Priests and Politicians: The Mafia of the Soul (The Rebel Publishing House GmbH, Cologne, West Germany, 1987)
The Rajneesh Bible, Volumes 1-4 (Rajneesh Foundation International, Rajneeshpuram, Oregon, USA, 1985)
The Razor's Edge (The Rebel Publishing House GmbH, Cologne, West Germany, 1988)
The Rebellious Spirit (Rajneesh Foundation Europe, Zürich, Switzerland, 1987)
Satyam-Shivam-Sundram – Truth-Godliness-Beauty (The Rebel Publishing House GmbH, Cologne, West Germany, 1988)
Socrates Poisoned Again After 25 Centuries (The Rebel Publishing House GmbH, Cologne, West Germany, 1988)
Zarathustra: The Laughing Prophet (The Rebel Publishing House GmbH, Cologne, West Germany, 1987)

EINIGE BIOGRAPHISCHE FAKTEN UND EREIGNISSE AUS DEM LEBEN VON BHAGWAN SHREE RAJNEESH

„*Und hinter unserer sogenannten Geschichte ist noch eine ganz andere Geschichte, von der ihr noch nicht einmal eine Ahnung habt. Die Peripherie, die wir Geschichte nennen, registriert nicht die wahren Ereignisse. Hinter unserer sogenannten Geschichte spielt sich ständig eine andere, tiefere ab, von der wir nichts wissen.*"
Bhagwan Shree Rajneesh in „*Ich bin der Weg*"

Der Erleuchtete Bhagwan Shree Rajneesh – faszinierend, originell und unerschrocken provokant – hat es als erster Mystiker der Geschichte vermocht, schon zu Lebzeiten das Augenmerk der ganzen Welt auf sich zu lenken. Aber ihn lediglich im Licht der Weltgeschichte zu betrachten, hieße, am mystischen Kern vorbeizugehen, hieße, die Sterne nicht zu erkennen, weil die Augen zu sehr von der Sonne geblendet sind.

Die Kindheits-Jahre

1931   Rajneesh wurde am 11. Dezember 1931 in Kuchwada im zentralindischen Bundesstaat Madya Pradesh geboren und bewies sehr bald einen furchtlosen und unabhängigen Geist. Rajneesh – der Name bedeutet „Vollmond" oder auch „König der Nacht" – machte Kopfsprünge von 30 Meter hohen Eisenbahnbrücken in monsungeschwellte Flüsse und tauchte in reißende Wirbel. Mit seinem geradezu unglaublichen Einfallsreichtum entlarvte er unerbittlich die Dummheiten und Heucheleien von Priestern, Heiligen, Lehrern und falschen Autoritäten, die vorgaben, über Dinge Bescheid zu wissen, die jenseits ihrer Erfahrung lagen.
Rajneesh verließ sich nie auf das Urteil anderer.

Die Universitäts-Jahre

1953   Am 21. März 1953, kurz bevor er im College von Jabalpur sein Philosophieexamen machte, wurde Rajneesh erleuchtet. Er war einundzwanzig Jahre alt. Diese Erfahrung beschreibt er später mit den Worten: „Ich löste mich von meiner Vergangenheit, ich wurde aus meiner Geschichte entwurzelt, ich verlor meine Autobiographie."

1957　　Er setzte seine Studien fort, schnitt beim Examen als Jahrgangsbester ab und machte an der Universität von Saugar im Jahre 1957 seinen M.A. für Philosophie. Zwei Jahre später wurde er Professor für Philosophie an der Universität von Jabalpur. Bei den Studenten war er außerordentlich beliebt.

Während seiner neunjährigen Universitätskarriere bereiste Bhagwan ganz Indien und war oft fünfzehn Tage im Monat nur unterwegs. Von Anfang an ein gewaltiger und leidenschaftlicher Debattierer, forderte er nunmehr die angesehensten orthodoxen Führer Indiens heraus und beharrte auf seiner Frage, ob sie ihr Wissen aus Büchern oder aus eigener Erfahrung hätten.

In seinen Reden, die er vor bis zu 100.000 Zuhörern hielt, sprach Bhagwan mit einer Autorität, die allein auf seiner eigenen Erleuchtung beruhte. So wie Immanuel Kant einst sagen konnte, er zerstöre die reine Vernunft, um Raum zu schaffen für den Glauben, zerstörte Bhagwan alles falsche Wissen, um Raum zu schaffen für wahres Wissen, zerstörte er tote Religionen, um Raum zu schaffen für lebendige Religiosität.

1966　　Bhagwan gibt seine Universitätskarriere auf, um sich ganz der Aufgabe zu widmen, so vielen Menschen wie möglich die Kunst der Meditation und seine Vision vom Neuen Menschen, vom „Zorba the Buddha" nahezubringen. Im „Zorba the Buddha" verbindet sich der Grieche Sorbas mit dem Inder Buddha, die Essenz von Ost und West – ein Mensch, der sowohl fähig ist, in vollen Zügen ein physisches Leben zu führen als auch in stiller Meditation zu sitzen, ein Mensch, der geistig wie körperlich unermeßlich reich ist.

Die Bombayjahre

1968　　Ließ sich Bhagwan in Bombay nieder, und ab 1970 trafen die ersten Sucher aus dem Westen ein. Viele dieser westlichen Besucher waren Therapeuten aus dem Human Growth Movement, der holistischen Bewegung. Sie suchten nach der nächsten Stufe ihres inneren Wachstums.

Und dieser nächste Schritt, sagte Bhagwan, war Meditation.

Im gleichen Jahr begann Bhagwan, Inder und Westler in „Neo-Sannyas" einzuweihen, einen Weg der Selbsterforschung, der letztendlich zur Erleuchtung des Schülers führt. Etwa um diese Zeit wurde der Acharya (Lehrer) Rajneesh als Bhagwan, „der Gesegnete", bekannt.

1974 Bhagwan zog mit vielen Sannyasins nach Poona um, wo der Shree Rajneesh Ashram eröffnet wurde.

Im Zeitraum der nächsten sieben Jahre kamen Hunderttausend aus aller Welt, um an Bhagwans Meditationen teilzunehmen, Sannyasins zu werden und seinen Diskursen zu lauschen, die er mit tiefer Einsicht und Humor über so bedeutende historische Gestalten wie Buddha, Jesus, Laotse, Freud, Einstein und Wilhelm Reich hielt. Die Kombination östlicher Meditationstechniken und westlicher Wachstumsgruppen zogen weitere Tausende an und trugen dem Ashram in Poona den Ruhm ein, das größte spirituelle Zentrum der modernen Welt zu sein.

Eine neue Zeit – Rajneeshpuram, USA

1981 Nachdem Bhagwan bereits jahrelang unter Asthma und Diabetes gelitten hatte, gesellte sich nun noch ein sich schnell verschlimmerndes Rückenleiden hinzu, so daß er sich im Frühjahr 1981 in eine Phase des Schweigens zurückzog. Auf Empfehlung seiner Ärzte wurde Bhagwan im Juni des gleichen Jahres für den Fall einer Operation in die USA geflogen, doch erwies sich eine Operation als unnötig.

Amerikanische Schüler Bhagwans erwarben eine 260 Quadratkilometer große Ranch mitten im Staat Oregon und luden Bhagwan im August 1981 dorthin ein. Dort entstand in kürzester Zeit die Stadt Rajneeshpuram – Bhagwans Wohnort bis zum 14. November 1985.

In den vier Jahren, die Bhagwan sich dort aufhielt, wurde Rajneeshpuram zum historisch ehrgeizigsten Experiment menschlichen Zusammenlebens – eine Kommune auf spiritueller Grundlage. Jedes jährliche Sommerfestival brachte bis zu 15.000 Besucher aus Europa, Asien, Südamerika und Australien. Die

Kommune entwickelte sich bald zu einer blühenden Stadt mit einer ständigen Bevölkerung von fünftausend Einwohnern. In aller Welt entstanden ähnliche Kommunen mit zum Teil großem wirtschaftlichen Erfolg.

1984 So plötzlich wie er zu sprechen aufgehört hatte, fing Bhagwan im Oktober 1984 wieder an, Diskurse zu geben. Er sprach über Liebe, Meditation und die mißliche Lage des Menschen in einer wahnsinnigen, völlig von der Vergangenheit geprägten Welt. Er nahm Priester und Politiker als die Verderber der menschlichen Seele auf's Korn und bezeichnete Gott als die erste und größte Lüge.

Von Anbeginn an wurde das kommunale Experiment in den USA von den Bundes-, Landes- und Kommunalbehörden angegriffen, deren erklärtes Ziel es war, die Stadt um jeden Preis zu zerstören.

1985 Nachdem Bhagwans persönliche Sekretärin Mitte September die Ranch fluchtartig verlassen hatte, drangen Gerüchte von ihren Verbrechen an Bhagwans Ohr, der daraufhin eine öffentliche Versammlung und Pressekonferenz einberief, bei der er die Verbrechen bloßstellte. Während der die Festnahme der Täter forderte, leiteten die Behörden eine massive Untersuchung auf allen Ebenen ein, die eher dazu angelegt war, die Kommune zu zerstören als die Straftaten zu untersuchen.

Im Oktober 1985 klagte die US-Regierung Bhagwan an, in 35 Punkten gegen die Einwanderungsbestimmungen verstoßen zu haben, und Bhagwan wurde ohne Haftbefehl und ohne jeden Hinweis auf seine Rechte mit vorgehaltenen Gewehren verhaftet.

Nur Stunden später wurde seine frühere Sekretärin in Hausern, Westdeutschland, verhaftet. Das Motiv der gleichzeitigen Festnahme war, der Öffentlichkeit zu suggerieren, beide steckten unter einer Decke und würden der gleichen Vergehen beschuldigt.

Tatsächlich wurde Bhagwan ein Verstoß gegen die US-Einwanderungsbestimmungen vorgeworfen, während seine frühere Sekretärin wegen Mordversuchs verhaftet wurde.

Zwölf Tage lang hielt man Bhagwan in Gefängnissen fest und legte ihn in Ketten und Handschellen, wo er ging und stand. Kaution wurde ihm verweigert und der Transport nach Portland, Oregon, dauerte acht Tage – normalerweise ein Fünfstundenflug.

Während Bhagwans Aufenthalt in US-Gefängnissen wurde er körperlich mißhandelt und von Bundesbeamten vergiftet – offenbar mit Thallium.

Da Bhagwans Leben in Gefahr war, solange er in der Gewalt der US-Justiz blieb, die ihm feindlich gesinnt war, willigten seine Anwälte in ein Angebot der US-Staatsanwälte ein, die Sache mit einer Abmachung zu regeln. Die Abmachung sah vor, daß Bhagwan seine Unschuld in allen 35 Anklagepunkten wahren und dennoch gleichzeitig für zwei dieser Punkte verurteilt werden konnte.

Damit hatte die Regierung das, was sie wollte, nämlich ein scheinbares „Schuldbekenntnis" Bhagwans und die Rechtfertigung für alle Aktionen, die sie gegen ihn und seine Kommune unternommen hatte und noch zu unternehmen gedachte.

Er verließ Amerika am 14. November 1985. Binnen einer Woche war klar, daß die Kommune in Oregon ohne Bhagwans Anwesenheit nicht weiterbestehen wollte.

Der US-Staatsanwalt von Portland, Oregon, Charles Turner, der Regierungsankläger gegen Bhagwan, gab anschließend drei aufschlußreiche Erklärungen ab: während einer Pressekonferenz gab er auf die Frage, warum die Straftaten, die Bhagwans früherer Sekretärin angelastet wurden, nicht auch Bhagwan angelastet worden seien, die Antwort, es sei Priorität der Regierung gewesen, die Kommune zu zerstören, und die Behörden hätten gewußt, daß dies durch Bhagwans Deportation zu erreichen war; zweitens, daß sie keinen Märtyrer aus ihm hätten machen wollen, und drittens, daß keine Indizien vorgelegen hätten, die Bhagwan belasteten.

Bhagwan kehrte nach Indien zurück, wo die Regierung alles unternahm, um ihn zu isolieren. Die Visa seiner westlichen Begleiter wurden pauschal gestrichen, und alle westlichen Besucher oder Journalisten, die ihn besuchen wollten, bekamen kein Visum.

Nun reiste Bhagwan nach Nepal weiter. Obwohl der König von Nepal schon seit Jahrzehnten persönlich an Bhagwan und seiner Arbeit interessiert war, durfte Bhagwan nicht bleiben. Die Amerikaner, die diesem kleinen Land eine Milliarde Dollar pro Jahr Entwicklungshilfe gewähren, wollten nicht zulassen, daß Bhagwan Gastrecht gewährt wurde.

Die Weltreise

1986 Im Februar 1986 begann Bhagwan eine Weltreise, deren erste Station Griechenland war. Doch führte eine von der Reagan-Regierung gesteuerte Verleumdungskampagne dazu, daß 21 Länder Bhagwan entweder deportierten oder ihm die Einreise verweigerten.

Zu diesen sogenannten freien und demokratischen Staaten zählten u.a. Griechenland, Italien, die Schweiz, Schweden, Großbritannien, Westdeutschland, Holland, Kanada, Jamaica und Spanien.

Während praktisch alle Machthaber und Meinungsmacher der Welt Bhagwan verdammen, hat sich bisher noch niemand persönlich seinen Argumenten und Vorwürfen gestellt.

Die Mysterien-Schule

1987 Bhagwan kehrte Ende Juli 1986 nach Bombay zurück und Anfang 1987 in den Ashram von Poona, der jetzt Rajneeshdham heißt. Trotz der öffentlichen Hetze und lautstarken Voreingenommenheit zieht Bhagwan nach wie vor Gebildete aus aller Herren Länder an – nach wie vor erweist er sich als die führende spirituelle Persönlichkeit unseres Zeitalters.

Im Durchschnitt sitzen täglich ca. 5.000 Besucher, hauptsächlich aus dem Westen, in Bhagwans Diskursen.

Neben den Anschwärzern haben sich aber auch viele positive Stimmen zu Wort gemeldet: „Ein großer Mann... der gefährlichste Mann seit Jesus Christus", sagt z.B. der amerikanische Autor Tom Robbins über Bhagwan.

„Bhagwan Shree Rajneesh ist einer der wichtigsten Erzieher und philosophischen und religiösen Köpfe des ausgehenden zwanzigsten Jahrhunderts", sagt Robert Rimmer, ein anderer amerikanischer Schriftsteller.

Kazuyoshi Kino, Professor für Buddhismus-Studien in Japan, hat Bhagwan als den „größten und genialsten Religionsexperten unseres Jahrhunderts" bezeichnet.

Mit seinen über 5.000 veröffentlichten Buchtiteln in Englisch und Hindi und Übersetzungen in mehr als dreißig Sprachen ist Bhagwan der fruchtbarste Autor der Geschichte. Allein im vergangenen Jahr hat er diesem bereits unübersehbaren Werk 50 neue Titel hinzugefügt.

Bhagwan hat wiederholt gesagt, daß der Welt nur noch eine Wahl bleibt: entweder Meditation oder globaler Selbstmord.

Die Greuel der Vergangenheit, die wir „Geschichte" nennen, so sagt er, sind das Werk von Priestern und Politikern, der „Mafia der Seele". Wenn diese Leute weiterhin den Ton angeben, werden sie die Erde ins absolute Verderben stürzen. *Sie* sind das Problem – nicht *die Lösung* des Problems.

Bhagwan sagt, die Lösung ist der meditative Mensch – ein Mensch, der völlig mit der Vergangenheit gebrochen hat und sein Leben voller Freude, bewußt und kreativ lebt. Unterstützt durch eine Wissenschaft, die erstmalig befreit sein wird von den Fesseln all jener Institutionen, die nur an Macht und Zerstörung interessiert sind, wird dieser neue Mensch eine goldene Zukunft herbeiführen und die Erde zum Paradies machen.

Über seine Arbeit sagt Bhagwan: „Ich bin der Tod des alten Menschen und die Geburt des Neuen Menschen."

Die Bibliographie von Bhagwan Shree Rajneesh

(– international, in englisch –)

WORKS IN THE ORIGINAL ENGLISH
RAJNEESH PUBLISHERS
—By Subject Matter—

Commentaries on the Mystics and their Writings, 1971–1987

Buddha and Buddhist Masters
The Book of the Books (Volumes 1-4)
　The Dhammapada
The Diamond Sutra
　The Vajrachchedika Prajnaparamita Sutra
The Discipline of Transcendence (Volumes 1-4)
　On the Sutra of 42 Chapters
The Heart Sutra
　The Prajnaparamita Hridayam Sutra
The Book of Wisdom (Volumes 1&2)
　Atisha's Seven Points of Mind Training

The Bauls
The Beloved (Volumes 1&2)

Kabir
The Divine Melody
Ecstasy – The Forgotten Language
The Fish in the Sea is Not Thirsty
The Guest
The Path of Love
The Revolution

Krishna
Krishna: The Man and His Philosophy

Jesus and Christian Mystics
Come Follow Me (Volumes 1-4)
　The Sayings of Jesus
I Say Unto You (Volumes 1&2)
　The Sayings of Jesus
The Mustard Seed · *The Gospel of Thomas*
Theologia Mystica · *The Treatise of St. Dionysius*

Jewish Mystics
The Art of Dying
The True Sage

Sufism
Just Like That
The Perfect Master (Volumes 1&2)
The Secret
Sufis: The People of the Path (Volumes 1&2)
Unio Mystica (Volumes 1&2)
　The Hadiqa of Hakim Sanai
Until You Die
The Wisdom of the Sands (Volumes 1&2)

Tantra
The Book of the Secrets (Volumes 1-5)
　Vigyana Bhairava Tantra
Tantra, Spirituality and Sex
　Excerpts from The Book of the Secrets

Tantra: The Supreme Understanding
　Tilopa's Song of Mahamudra
The Tantra Vision (Volumes 1&2)
　The Royal Song of Saraha

Tao
The Empty Boat · *The Stories of Chuang Tzu*
The Secret of Secrets (Volumes 1&2)
　The Secret of the Golden Flower
Tao: The Golden Gate (Volumes 1&2)
Tao: The Pathless Path (Volumes 1&2)
　The Stories of Lieh Tzu
Tao: The Three Treasures (Volumes 1-4)
　The Tao Te Ching of Lao Tzu
When the Shoe Fits · *The Stories of Chuang Tzu*

The Upanishads
I Am That · *Isa Upanishad*
Philosophia Ultima · *Mandukya Upanishad*
The Supreme Doctrine · *Kenopanishad*
That Art Thou · *Sarvasar Upanishad,*
　Kaivalya Upanishad, Adhyatma Upanishad
The Ultimate Alchemy (Volumes 1&2)
　Atma Pooja Upanishad
Vedanta: Seven Steps to Samadhi
　Akshya Upanishad

Western Mystics
Guida Spirituale · *On the Desiderata*
The Hidden Harmony
　The Fragments of Heraclitus
The Messiah (Volumes 1&2)
　Commentaries on Kahlil Gibran's The Prophet
The New Alchemy: To Turn You On
　Mabel Collins' Light on the Path
Philosophia Perennis (Volumes 1&2)
　The Golden Verses of Pythagoras
Zarathustra: A God That Can Dance
Zarathustra: The Laughing Prophet · *Talks on*
　Friedrich Nietzsche's Thus Spake Zarathustra

Yoga
Yoga: The Alpha and the Omega (Volumes 1-10)
　The Yoga Sutras of Patanjali
Yoga: The Science of the Soul (Volumes 1-3)
　Originally titled Yoga: The Alpha and
　the Omega (Volumes 1-3)
Meditation: the Art of Ecstasy
The Psychology of the Esoteric

Zen and Zen Masters
Ah, This!
Ancient Music in the Pines
And the Flowers Showered
Bodhidharma The Greatest Zen Master
　Commentaries on the Teachings of the
　Messenger of Zen from India to China

Dang Dang Doko Dang
The First Principle
The Grass Grows By Itself
The Great Zen Master Ta Hui
  Reflections on the Transformation of
  an Intellectual to Enlightenment
Hsin Hsin Ming: The Book of Nothing
  On the Faith-Mind of Sosan
Nirvana: The Last Nightmare
No Water, No Moon
Returning to the Source
Roots and Wings
The Search · The Ten Bulls of Zen
A Sudden Clash of Thunder
The Sun Rises in the Evening
Take it Easy (Volumes 1&2) · Poems of Ikkyu
This Very Body the Buddha
  Hakuin's Song of Meditation
Walking in Zen, Sitting in Zen
The White Lotus
  The Sayings of Bodhidharma
Zen: The Path of Paradox (Volumes 1-3)
Zen: The Special Transmission

Intimate Talks between
Master and Disciple 1974–1981

Hammer on the Rock
Above All Don't Wobble
Nothing to Lose But Your Head
Be Realistic: Plan For a Miracle
Get Out of Your Own Way
Beloved of My Heart
The Cypress in the Courtyard
A Rose is a Rose is a Rose
Dance Your Way to God
The Passion for the Impossible
The Great Nothing
God is Not for Sale
The Shadow of the Whip
Blessed are the Ignorant
The Buddha Disease
What Is, Is, What Ain't, Ain't
The Zero Experience
For Madmen Only
  (Price of Admission: Your Mind)
This is It
The Further Shore
Far Beyond the Stars
The No Book
  (No Buddha, No Teaching, No Discipline)
Don't Just Do Something, Sit There
Only Losers Can Win in This Game
The Open Secret
The Open Door
The Sun Behind the Sun Behind the Sun
Believing the Impossible Before Breakfast
Don't Bite My Finger, Look Where I'm Pointing
Let Go!
The 99 Names of Nothingness
The Madman's Guide to Enlightenment
Don't Look Before You Leap
Hallelujah!
God's Got a Thing About You

The Tongue-Tip Taste of Tao
The Sacred Yes
Turn On, Tune In, and Drop the Lot
Zorba the Buddha
Won't You Join the Dance?
You Ain't Seen Nothin' Yet
The Shadow of the Bamboo
Just Around the Corner
Snap Your Fingers, Slap Your Face & Wake Up!
The Rainbow Bridge
Don't Let Yourself Be Upset by the Sutra,
  Rather Upset the Sutra Yourself
The Sound of One Hand Clapping

Responses
to Questions, 1974–1981

I Am the Gate
The Long and the Short and the All
The Silent Explosion
Be Still and Know
The Goose is Out!
My Way: The Way of the White Clouds
Walk Without Feet, Fly Without Wings and
  Think Without Mind
The Wild Geese and the Water
Zen: Zest, Zip, Zap and Zing

The Years
of Public Silence, 1981–1984

A Radical Critique of
Human Conditionings, from
Rajneeshpuram, Oregon, USA,
1984–1985

The Rajneesh Bible (Volume 1)
The Rajneesh Bible (Volume 2)
The Rajneesh Bible (Volume 3)
The Rajneesh Bible (Volume 4)
From Darkness to Light
From the False to the Truth
From Death to Deathlessness (in press)
From Bondage to Freedom (in press)

Interviews
with the World Press, 1985

The Last Testament (Volume 1)

Discourses from
the World Tour, 1985–1986

Light on the Path · Talks in the Himalayas
Socrates Poisoned Again After 25 Centuries
  Talks in Greece
Beyond Psychology · Talks in Uruguay
The Path of the Mystic · Talks in Uruguay
The Transmission of the Lamp · Talks in Uruguay

Responses to Questions at the Mystery School 1986–present
Beyond Enlightenment
The Golden Future
The Great Pilgrimage: From Here to Here
The Hidden Splendor
The Rajneesh Upanishad
The Razor's Edge
The Rebellious Spirit
Satyam–Shivam–Sundram
  Truth–Godliness–Beauty
Sermons in Stones

Compilations, 1978–1988
The Orange Book · *The Meditation Techniques of Bhagwan Shree Rajneesh*
Meditation: The First and Last Freedom
Gold Nuggets
Sex: Quotations from Bhagwan Shree Rajneesh
The Book · *An Introduction to the Teachings of Bhagwan Shree Rajneesh*
  Series I from A - H
  Series II from I - Q
  Series III from R - Z
A New Vision of Women's Liberation
Beyond the Frontiers of the Mind
Bhagwan Shree Rajneesh On Basic Human Rights
Death: The Greatest Fiction
I Teach Religiousness Not Religion
Life, Love, Laughter
Priests and Politicians: The Mafia of the Soul
The New Child

The New Man: The Only Hope for the Future
The Rebel: The Very Salt of the Earth
Rebelliousness, Religion and Revolution

Autobiographies and Photobiographies
Books I Have Loved
Glimpses of a Golden Childhood
Notes of a Madman
The Sound of Running Water
  Bhagwan Shree Rajneesh and His Work 1974–1978
This Very Place The Lotus Paradise
  Bhagwan Shree Rajneesh and His Work 1978–1984

Books about Bhagwan Shree Rajneesh
Was Bhagwan Shree Rajneesh Poisoned by Ronald Reagan's America?
  (by Sue Appleton, LL.B., M.A.B.A.)
Bhagwan Shree Rajneesh: The Most Dangerous Man Since Jesus Christ
  (by Sue Appleton, LL.B., M.A.B.A.)
Bhagwan: The Buddha For The Future
  (by Juliet Forman, S.R.N., S.C.M., R.M.N.)
Bhagwan: The Most Godless Yet The Most Godly Man *(by Dr. George Meredith M.D. M.B.,B.S. M.R.C.P.)*
Bhagwan: Twelve Days that Shook the World
  (by Juliet Forman, S.R.N., S.C.M., R.M.N.)
Lord of the Full Moon – Life with Bhagwan Shree Rajneesh *(by Prem Divya)*

OTHER PUBLISHERS

United Kingdom
The Art of Dying *(Sheldon Press)*
The Book of the Secrets
  (Volume 1, Thames & Hudson)
No Water, No Moon *(Sheldon Press)*
Roots and Wings *(Routledge & Kegan Paul)*
Straight to Freedom *(Sheldon Press)*
The Supreme Doctrine
  (Routledge & Kegan Paul)
Tao: The Three Treasures
  (Volume 1, Wildwood House)

Books about Bhagwan Shree Rajneesh
The Way of the Heart: the Rajneesh Movement by Judith Thompson and Paul Heelas, Department of Religious Studies, University of Lancaster (Aquarian Press)

United States of America
The Book of the Secrets *(Volumes 1-3, Harper & Row)*
Dimensions Beyond the Known
  (Wisdom Garden Books)
The Great Challenge *(Grove Press)*
Hammer on the Rock *(Grove Press)*
I Am the Gate *(Harper & Row)*
Journey Toward the Heart
  (Original title: Until You Die, Harper & Row)
Meditation: The Art of Ecstasy *(Original title: Dynamics of Meditation, Harper & Row)*
The Mustard Seed *(Harper & Row)*
My Way: The Way of the White Clouds
  (Grove Press)
The Psychology of the Esoteric *(Harper & Row)*
Roots and Wings *(Routledge & Kegan Paul)*
The Supreme Doctrine *(Routledge & Kegan Paul)*

Words Like Fire *(Original title: Come Follow Me, Volume 1, Harper & Row)*

Books about Bhagwan Shree Rajneesh
The Awakened One: The Life and Work of Bhagwan Shree Rajneesh
by Vasant Joshi (Harper & Row)
Dying for Enlightenment
by Bernard Gunther (Harper & Row)
Rajneeshpuram and the Abuse of Power
by Ted Shay, Ph.D. (Scout Creek Press)
Rajneeshpuram, the Unwelcome Society
by Kirk Braun (Scout Creek Press)

The Rajneesh Story: The Bhagwan's Garden
by Dell Murphy (Linwood Press, Oregon)
Neo Tantra – Bhagwan Shree Rajneesh on Sex, Love, Prayer and Transcendence
by Deva Amit Prem (Harper & Row)

Switzerland
Books about Bhagwan Shree Rajneesh
Bhagwan – Rogue, Charlatan or God?
by Dr. Fritz Tanner (Panorama Verlag)

WORKS TRANSLATED FROM THE ORIGINAL ENGLISH

Chinese
I am the Gate (Woolin)

Danish
Bhagwan Shree Rajneesh Om Grundlaeggende Menneskerettigheder (Premo) · *Bhagwan Shree Rajneesh On Basic Human Rights*
Hu-Meditation Og Kosmik Orgasme (Borgens) · *Hu-Meditation and Cosmic Orgasm*
Hemmelighedernes Bog (Borgens) · *The Book of the Secrets (Volume 1)*

Dutch
Bhagwan Shree Rajneesh Over de Rechten van de Mens (Rajneesh Publikaties Nederland) · *Bhagwan Shree Rajneesh On Basic Human Rights*
Volg Mij (Ankh-Hermes) · *Come Follow Me (Volume 1)*
Gezaaid in Goede Aarde (Ankh-Hermes) · *Come Follow Me (Volume 2)*
Drink Mij (Ankh-Hermes) · *Come Follow Me (Volume 3)*
Ik Ben de Zee Die Je Zoekt (Ankh-Hermes) · *Come Follow Me (Volume 4)*
Ik Ben de Poort (Ankh-Hermes) · *I am the Gate*
Heel Eenvoudig (Mirananda) · *Just Like That*
Meditatie: De Kunst van Innerlijke Extase (Mirananda) · *Meditation: The Art of Inner Ecstasy*
Mijn Weg, De Weg van de Witte Wolk (Arcanum) · *My Way: The Way of the White Clouds*
Geen Water, Geen Maan (Mirananda) · *No Water, No Moon (Volumes 1&2)*
Tantra, Spiritualiteit en Seks (Ankh-Hermes) · *Tantra, Spirituality & Sex*
Tantra: Het Allerhoogste Inzicht (Ankh-Hermes) · *Tantra: The Supreme Understanding*
Tau (Ankh-Hermes) · *Tao: The Three Treasures (Volume 1)*
Het Boek der Geheimen (Mirananda) · *The Book of Secrets (Volumes 1-5)*
De Verborgen Harmonie (Mirananda) · *The Hidden Harmony*
Het Mosterdzaad (Mirananda) · *The Mustard Seed (Volumes 1&2)*
De Nieuwe Mens (Volume 1) (Zorn) · *Compilation on The New Man, Relationships, Education, Health, Dutch edition only*
De Nieuwe Mens (Volume 2) (Altamira) · *Excerpts from The Last Testament (Volume 1) Dutch edition only*
Het Oranje Meditatieboek (Ankh-Hermes) · *The Orange Book*
Psychologie en Evolutie (Ankh-Hermes) · *The Psychology of the Esoteric*
De Tantra Visie (Arcanum) · *The Tantra Vision (Volumes 1&2)*
Zoeken naar de Stier (Ankh-Hermes) · *10 Zen Stories*
Totdat Je Sterft (Ankh-Hermes) · *Until You Die*
Priesters & Politici: De Maffia van de Ziel (Rajneesh Publikaties Nederland) · *Priests & Politicians: The Mafia of the Soul*

Finnish
Oikeus elamaan (Leela RMC) · *Bhagwan Shree Rajneesh On Basic Human Rights*

French
Je Suis la Porte (EPI) · *I am the Gate*
La Meditation Dynamique (Dangles) · *Meditation: The Art of Inner Ecstasy*
L'Eveil a la Conscience Cosmique (Dangles) · *The Psychology of the Esoteric*
Le Livre des Secrets (Soleil Orange) · *The Book of Secrets (Volume 1)*

German
Und vor Allem: Nicht Wackeln
(Fachbuchhandlung fuer Psychologie)
Above All Don't Wobble
Der Freund (Sannyas Verlag) · *A Cup of Tea*
Vorsicht Sozialismus (Rajneesh Verlag)
Beware of Socialism
Bhagwan Shree Rajneesh: Ueber die
Grundrechte des Menschen (Rajneesh Verlag)
*Bhagwan Shree Rajneesh On Basic
Human Rights*
Komm und folge mir (Sannyas/Droemer Knaur)
Come Follow Me (Volume 1)
Jesus aber schwieg (Sannyas)
Come Follow Me (Volume 2)
Jesus – der Menschensohn (Sannyas)
Come Follow Me (Volume 3)
Sprung ins Unbekannte (Sannyas)
Dimensions Beyond the Known
Ekstase: Die vergessene Sprache (Herzschlag)
Ecstasy: The Forgotten Language
Vom Sex zum kosmischen Bewusstsein)
(New Age/Thomas Martin)
From Sex to Superconsciousness
Goldene Augenblicke:
Portrait einer Jugend in Indien (Goldmann)
Glimpses of a Golden Childhood
Sprengt den Fels der Unbewusstheit (Fischer)
Hammer on the Rock
Ich bin der Weg (Sannyas) *I am the Gate*
Meditation: Die Kunst, zu sich selbst zu finden
(Heyne) · *Meditation: The Art of Inner Ecstasy*
Mein Weg: Der Weg der weissen Wolke
(Herzschlag) · *My Way: The Way of
the White Clouds*
Nirvana: Die letzte Huerde auf dem Weg
(Rajneesh Verlag/NSI)
Nirvana: The Last Nightmare
Kein Wasser, Kein Mond (Herzschlag)
No Water, No Moon
Mit Wurzeln und Fluegeln (Lotos)
Roots and Wings (Volume 1)
Die Schuhe auf dem Kopf (Lotos)
Roots and Wings (Volume 2)
Spirituelle Entwicklung und Sexualitaet (Fischer)
Spiritual Development & Sexuality
Tantra, Spiritualitaet und Sex (Rajneesh Verlag)
Tantra, Spirituality & Sex
Tantrische Liebeskunst (Sannyas)
Tantra, Spirituality & Sex
Tantra: Die hoechste Einsicht (Sannyas)
Tantra: The Supreme Understanding
Das Buch der Geheimnisse (Heyne)
The Book of the Secrets (Volume 1)
Die Gans ist raus! (Rajneesh Verlag)
The Goose Is Out!
Rebellion der Seele (Sannyas)
The Great Challenge
Die verborgene Harmonie (Sannyas)
The Hidden Harmony
Die verbotene Wahrheit (Rajneesh Verlag/
Heyne) · *The Mustard Seed*
Das Orangene Buch (Rajneesh Verlag/NSI)
The Orange Book
Esoterische Psychologie (Sannyas)
The Psychology of the Esoteric
Auf der Suche (Sambuddha) · *The Search*
Das Klatschen der einen Hand (Gyandip)
The Sound of One Hand Clapping
Tantrische Vision (Heyne)
The Tantra Vision (Volume 1)
Alchemie der Verwandlung (Lotos)
The True Sage
Nicht bevor du stirbst (Gyandip) · *Until You Die*
Was ist Meditation? (Sannyas) · *Compilation
about meditation, German edition only*
Yoga: Alpha und Omega (Gyandip)
Yoga: The Alpha and the Omega (Volume 1)
Der Hoehepunkt des Lebens (Rajneesh Verlag)
Compilation on death, German edition only
Intelligenz des Herzens (Herzschlag)
Compilation, German edition only
Kunst kommt nicht vom Koennen
(Rajneesh Verlag) · *Compilation about
creativity, German edition only*
Liebe beginnt nach den Flitterwochen
(Rajneesh Verlag)
Compilation about love, German edition only
Sexualitaet und AIDS (Rajneesh Verlag)
Compilation about AIDS, German edition only
Die Zukunft gehoert den Frauen – Neue
Dimensionen der Frauenbefreiung
(Rajneesh Verlag)
A New Vision of Women's Liberation
Priester & Politiker – Die Mafia der Seele
(Rajneesh Verlag)
Priests & Politicians: The Mafia of the Soul
Das Ultimatum: Der Neue Mensch oder
globaler Selbstmord (Rajneesh Verlag)
The New Man: The Only Hope for the Future
Mein Rezept: Leben Liebe Lachen
(Rajneesh Verlag) · *Life, Love, Laughter*

Greek
Bhagwan Shree Rajneesh Gia Ta Vasika
Anthropina Dikeomata (Swami Anand Ram)
*Bhagwan Shree Rajneesh On
Basic Human Rights*
I Krifi Armonia (PIGI/Rassoulis)
The Hidden Harmony

Hebrew
Tantra: Ha'havana Ha'eelaeet (Massada)
Tantra: The Supreme Understanding

Hindi
Tantra-Sutra Volumes 1-8
The Book of the Secrets (Volumes 1-4)
Atma-pooja Upanishad Volumes 1-3
The Ultimate Alchemy (Volume 1)
Kenopanishad Volumes 1&2
The Supreme Doctrine
Yoga-darshan Volumes 1-8 · *Yoga: The Alpha
and the Omega (Volumes 1-4)*
Patheya · *Early booklets and letters*

Italian

Bhagwan Shree Rajneesh parla Sui Diritti dell'Uomo (Rajneesh Services Corporation) · *Bhagwan Shree Rajneesh On Basic Human Rights*
Dimensioni Oltre il Conosciuto (Mediterranee) · *Dimensions Beyond the Known*
Estasi: Il Linguaggio Dimenticato (Riza Libri) · *Ecstasy: The Forgotten Language*
Dal Sesso all'Eros Cosmico (Basaia) · *From Sex to Superconsciousness*
Guida Spirituale (Mondadori) · *Guida Spirituale*
Io Sono La Soglia (Mediterranee) · *I am the Gate*
Meditazione Dinamica: L'Arte dell'Estasi Interiore (Mediterranee) · *Meditation: The Art of Inner Ecstasy*
La Mia Via: La Via delle Nuvole Bianche (Mediterranee) · *My Way: The Way of the White Clouds*
Nirvana: L'Ultimo Incubo (Basaia) · *Nirvana: The Last Nightmare*
Dieci Storie Zen di Bhagwan Shree Rajneesh: Ne Acqua, Ne Luna (Mediterranee) · *No Water, No Moon*
Philosofia Perennis (ECIG) · *Philosophia Perennis (Volumes 1&2)*
Semi di Saggezza (Sugarco) · *Seeds of Revolution*
Tantra, Spiritualita e Sesso (Rajneesh Foundation Italy) · *Tantra, Spirituality & Sex*
Tantra: La Comprensione Suprema (Bompiani) · *Tantra: The Supreme Understanding*
Tao: I Tre Tesori (Re Nudo) · *Tao: The Three Treasures (Volumes 1-3)*
Tecniche di Liberazione (La Salamandra) · *Techniques of Liberation*
Il Libro dei Segreti (Bompiani) · *The Book of The Secrets (Volume 1)*
L'Armonia Nascosta (ECIG) · *The Hidden Harmony (Volumes 1&2)*
Il Seme della Ribellione (Rajneesh Foundation Italy) · *The Mustard Seed (Volume 1)*
La Nuova Alchimia (Psiche) · *The New Alchemy To Turn You On (Volumes 1&2)*
Il Libro Arancione (Mediterranee) · *The Orange Book*
La Rivoluzione Interiore (Mediterranee) · *The Psychology of the Esoteric*
La Bibbia di Rajneesh (Bompiani) · *The Rajneesh Bible (Volume 1)*
La Ricerca (La Salamandra) · *The Search*
La Dottrina Suprema (Rizzoli) · *The Supreme Doctrine*
La Visione Tantrica (Riza) · *The Tantra Vision*
L'Anatra – E Fuori (Rajneesh Services Cooperation) · *The Goose is Out!*
I Preti e I Politici – la Mafia dell'Anima (Rajneesh Services Cooperation) · *Priests and Politicians: The Mafia of the Soul*

Japanese

Shin Jinkensengen (Meisosha Ltd.) · *Bhagwan Shree Rajneesh On Basic Human Rights*
Seimeino Kanki – Darshan Nisshi (Rajneesh Enterprise Japan) · *Dance Your Way to God*
Sex kara Choishiki e (Rajneesh Enterprise Japan) · *From Sex to Superconsciousness*
Meiso – Shukusai no Art (Merkmal) · *Meditation: The Art of Inner Ecstasy*
My Way – Nagareyuku Shirakumo no Michi (Rajneesh Publications) · *My Way: The Way of the White Clouds*
Ikkyu Doka (Merkmal) · *Take it Easy (Volume 1)*
Sonzai no Uta (Merkmal) · *Tantra: The Supreme Understanding*
Tao – Eien no Taiga (Merkmal) · *Tao: The Three Treasures (Volumes 1-4)*
Baul no Ai no Uta (Merkmal) · *The Beloved (Volumes 1&2)*
Diamond Sutra – Bhagwan Shree Rajneesh Kongohannyakyo o Kataru (Meisosha Ltd./ LAF Mitsuya) · *The Diamond Sutra*
Koku no Fune (Rajneesh Enterprise Japan) · *The Empty Boat (Volumes 1&2)*
Kusa wa hitorideni haeru (Fumikura) · *The Grass Grows by Itself*
Hannya Shinkyo (Merkmal) · *The Heart Sutra*
Ai no Renkinjutsu (Merkmal) · *The Mustard Seed*
Orange Book (Wholistic Therapy Institute) · *The Orange Book*
Kyukyoku no Tabi – Bhagwan Shree Rajneesh Zen no Jugyuzu o Kataru (Merkmal) · *The Search*
Anataga Shinumadewa (Fumikura) · *Until You Die*
Tamashii eno Hanzi (EER) · *Priests and Politicians: The Mafia of the Soul*
Maitreya (Meisosha Ltd.) · *Compilation on Maitreya*

Korean

Giromnun Gil Il (Chung Ha)
Giromnun Gil Ih (Chung Ha) · *Tao: The Pathless Path (Volume 1)*
Haeng Bongron Il
Haeng Bongron Ih · *Tao: The Pathless Path (Volume 2)*
Joogumui Yesool (Chung Ha) · *The Art of Dying*
The Divine Melody (Chung Ha)
The Divine Melody (Sung Jung)
Salmuigil Hingurumui Gil (Chung Ha) · *The Empty Boat*
Seon (Chung Ha) · *The Grass Grows by Itself*
Upanishad (Chung Ha) · *Vedanta: Seven Steps to Samadhi*
Sesoggwa Chowol (Chung Ha) · *Roots and Wings*
Sinbijuijaui Norae (Chung Ha) · *The Revolution*
Mahamudraui Norae (Il Ghi Sa) · *The Supreme Understanding*
Sarahaui Norae (Il Ghi Sa) · *The Tantra Vision*
Meongsang Bibob (Il Ghi Sa) · *The Book of the Secrets*
Banya Simgeong (Il Ghi Sa) · *The Heart Sutra*
Kabir Meongsangsi (Il Ghi Sa) · *The Path of Love*
Salmui Choom Chimmoogui Choom, Il (Kha Chee) · *Tao: The Three Treasures (Volume 1)*

Salmui Choom Chimmoogui Choom, Sam
  (Kha Chee)
    Tao: The Three Treasures (Volume 3)
Sarangui Yeongum Sool (Kim Young Sa)
    The Mustard Seed
Yeogieh Sala (Kim Young Sa) · *I am the Gate*
The Psychology of the Esoteric (Han Bat)
Soomun Johwa (Hong Sung Sa)
    The Hidden Harmony
I Say Unto You (Hong Sung Sa)
Sunggwa Meongsang (Sim Sul Dang)
    From Sex to Superconsciousness
From Sex to Superconsciousness (Ul Ghi)
The White Lotus (Jin Young)
Beshakaui Achim (Je Il)
    My Way: The Way of the White Clouds
Iroke Nanun Durotda (Je Il)
    The Diamond Sutra
Meong Sang (Han Ma Um Sa)
    Meditation: The Art of Ecstasy
The Orange Book (Gum Moon Dang)
Jameso Khaeonara (Bum Woo Sa)
    The Search – The Ten Bulls of Zen
The Teaching of the Soul (Jeong-Um)
  (compilation)
Alpha Grigo Omega (Jeong-Um)
    Yoga: The Alpha and the Omega (Volume 1)
Come Follow Me (Chung-Ha)
Philosophia Perennis (Chung-Ha)
Sinsim Meong (Hong-Bub)
    Hsin Hsin Ming: The Book of Nothing
Maumuro Ganungil (Moon Hak Sa Sang Sa)
    Journey towards the Heart
Saeroun Inganui Heong Meong · *Neo Tantra*
Hayan Yeonkhot · *The White Lotus*

Marathi
Mahavir Aani Manav (compilation)
Chala Mazya Magun Ya · *Come Follow Me*
Abhinav Sakriya Dhyan · *Dynamic Meditation*
Moolbhut Manvi Adhikar · *Bhagwan Shree Rajneesh On Basic Human Rights*

Nepali
Sabai Maanis Bhagwan Hun (compilation)
Prem: Prabhuko Dwar (compilation)

Polish
(Titles translated and available)
The Goose is Out!
The Last Testament (Volume 1)
  Discourse: The End of Heroes
The Mustard Seed
The Orange Book
The Rajneesh Bible (Volume 1),
  Discourses 1,4,6,13,16,20,28,29,30
The Rajneesh Bible (Volume 2)
  Discourses 11,12,16
The Rajneesh Upanishad,
  Discourses The Truth is Always Individual
  Master: Making Your Life an Orchestra
  My Disciples are My Garden

The Wild Geese and the Water, Discourse 1
Medytacja Sztuka Ekstazy, Volume 1
  Meditation: The Art of Inner Ecstasy (Part 1)

Portuguese
Sobre Os Direitos Humanos Basicos (Editora
  Naim) · *Bhagwan Shree Rajneesh On Basic Human Rights*
Palavras De Fogo (Global/Ground)
  Come Follow Me (Volume 1)
Dimensoes Alem do Conhecido (Cultrix)
  Dimensions Beyond the Known
Extase: A Linguagem Esquecida (Global)
  Ecstasy: The Forgotten Language
Do Sexo A Superconsciencia (Cultrix)
  From Sex to Superconsciousness
Eu Sou A Porta (Pensamento) · *I am the Gate*
Meditacao: A Arte Do Extase (Cultrix)
  Meditation: The Art of Inner Ecstasy
Meu Caminho: O Caminho Das Nuvens Brancas
  (Tao) · *My Way: The Way of the White Clouds*
Nem Agua, Nem Lua
  (Pensamento) *No Water, No Moon*
Notas De Um Homem Louco (NAIM)
  Notes of a Madman
Raizes E Asas (Cultrix) *Roots and Wings*
Sufis: O Povo do Caminho (Maha Lakshmi
  Editora) · *Sufis: The People of the Path*
Tantra: Sexo E Espiritualidade (Agora)
  Tantra, Spirituality & Sex
Tantra: A Suprema Compreensao (Cultrix)
  Tantra: The Supreme Understanding
Arte de Morrer (Global) *The Art of Dying*
O Livro Dos Segredos (Maha Lakshmi)
  The Book of the Secrets (Volumes 1&2)
Cipreste No Jardim (Cultrix)
  The Cypress in the Courtyard
A Divina Melodia (Cultrix) *The Divine Melody*
A Harmonia Oculta (Pensamento)
  The Hidden Harmony
A Semente De Mostarda (Tao)
  The Mustard Seed (Volumes 1&2)
A Nova Alquimia (Cultrix)
  The New Alchemy To Turn You On
O Livro Orange (Pensamento) *The Orange Book*
A Psicologia Do Esoterico (Tao)
  The Psychology of the Esoteric
Unio Mystica (Maha Lakshmi) *Unio Mystica*

Punjabi
Bunyadi Manukhi Hakk · *Bhagwan Shree Rajneesh on Basic Human Rights*

Russian
Bhagwan Shree Rajneesh on Basic Human Rights · (Neo-Sannyas International)
(Titles translated and available)
Dimensions Beyond the Known
I am the Gate
Meditation: The Art of Inner Ecstasy
Neither This nor That
Nirvana: The Last Nightmare
Only One Sky
Roots and Wings

Straight to Freedom
Tao: The Three Treasures
The Book of the Secrets, Volume 1
The Mustard Seed
The Psychology of the Esoteric
The Sound of One Hand Clapping
The Supreme Doctrine
The White Lotus
This is It
The New Man: The Only Hope for the Future
A New Vision of Women's Liberation

Serbo-Croat
Bhagwan Shree Rajneesh (Swami Mahavira)
Compilation of various quotations
The Ultimate Pilgrimage
Vrovno Hodocasce
  A Rajneesh Reader
Bhagwan Shree Rajneesh O Osnovnim Pravima Covjeka · Bhagwan Shree Rajneesh On Basic Human Rights

Spanish
Sobre Los Derechos Humanos Basicos (Futonia, Spain) · Bhagwan Shree Rajneesh On Basic Human Rights
Ven, Sigueme (Sagaro, Chile)
  Come Follow Me (Volume 1)
Yo Soy La Puerta (Diana, Mexico)
  I am The Gate
Meditacion: El Arte del Extasis (Roselló Impresiones)
  Meditation: The Art of Inner Ecstasy
El Camino de las Nubes Blancas (Cuatro Vientos)
  My Way: The Way of the White Clouds
Solo Un Cielo (Collection Tantra) Only One Sky
Introduccion al Mundo del Tantra (Roselló Impresiones) · Tantra: The Supreme Understanding (Volumes 1&2)
Tao: Los Tres Tesoros (Sirio, Espana)
  Tao: The Three Treasures
El Sutra del Corazon (Sarvogeet, Espana)
  The Heart Sutra
El Libro Naranja (Bhagwatam, Puerto Rico)
  The Orange Book
Psicologia de lo Esoterico: La Nueva Evolucion del Hombre (Cuatro Vientos, Chile)
  The Psychology of the Esoteric
Que Es Meditacion? (Koan/Roselló)
Pastanaga) What Is Meditation?
Y Llovieron Flores (Editorial Barath)
  And the Flowers Showered
Celebre! Medita! (Padma RMC, Columbia)
  Celebrate! Meditate!

Swedish
Den Vaeldiga Utmaningen (Livskraft)
  The Great Challenge

Tamil
Adippadat Manitha Urimaigal · Bhagwan Shree Rajneesh On Basic Human Rights
Bhagwan Rajneesh Pathilkal (compilation)

Kamaththilirundu Kadavulukku
  From Sex to Superconsciousness

Telugu
Sambhogamu Nundi Samadhi
  From Sex to Superconsciousness

Books about Bhagwan Shree Rajneesh

Dutch
Een Tuin der Lusten? Het rebelse tantrisme van Bhagwan en het nieuwe tijdperk by Sietse Visser (Mirananda)
  A Garden of Earthly Delights?
Oorspronkelijk Gezicht by Dr. J. Foudraine (Ambo) · Original Face
Bhagwan, Notities van een Discipel by Dr. J. Foudraine (Ankh-Hermes)
  Bhagwan, Notes of a Disciple
Bhagwan, een Introductie by Dr. J. Foudraine (Ankh-Hermes) · Bhagwan, an Introduction
Als een Lopend Vuurtje by Anand Diane (Arcanum)
In de Tuin van Bhagwan by Prem Hanny (Nishant RMC)
Van Rome naar Poona by Deva Siddhartha (Arcanum)

German
Im Grunde ist alles ganz einfach by Satyananda (Ullstein)
Ganz entspannt im Hier und Jetzt – Tagebuch ueber mein Leben mit Bhagwan in Poona by Satyananda (Rowohlt)
Der Erwachte – Leben und Werk von Bhagwan Shree Rajneesh by Vasant Joshi (Synthesis Verlag) · The Awakened One
Bhagwan – Gauner-Gaukler-Gott? by Dr. Fritz Tanner (Panorama)

Hindi
Rajneesh – The Mystic of Feelings by Ramchandra Prasad (Motilal Banarsidass)

Italian
L'Incanto d'Arancio Enchanting by Svatantra Sarjano (Savelli)

Korean
Jigum Yeogiyeso (Je II) · The Awakened One

WORKS IN THE ORIGINAL HINDI
ALL PUBLISHERS
—By Subject Matter—

Commentaries on the Mystics and their Writings

The Upanishads
Sarvasar Upanishad
Kaivalya Upanishad
Adhyatma Upanishad
Kathopanishad
Ishavasyopanishad
Asto Ma Sadgamay
Nirvan Upanishad

Buddha
Es Dhammo Sanantano Volumes 1-6

Krishna
Geeta Chapters 1-18, 12 volumes
Geeta: Bhakti Aur Karm
Krishna: Meri Drishti Mein Volumes 1&2

Mahavir
Mahavir-Vani Volumes 1-3
Jin Sutra Volumes 1-4
Mahavir Ya Mahavinash
Mahavir Meri Drishti Mein Volumes 1&2
Jyon Ki Tyon Dhar Dinhi Chadariya
Mahavir Aur Main
Mahavir: Parichay Aur Vani
Sinhnaad
Mahavir: Ahimsa, Ahankar Aur Moksh
Mahavir: Bhog Aur Tyag
Mahavir: Prem Aur Sex
Mahaveer: Brahmcharya, Karamvad Aur Punarjanma
Sooli Upar Sej Piya Ki
Mahavir: Parichay Aur Vani
Ahimsa-Darshan

Other Indian Mystics
Mahageeta Volumes 1-9 · *Ashtavakra*
Bhakti Sutra Volumes 1&2 · *Narad*
Bhaj Govindam · *Adi Shankracharya*
Shiv-Sutra · *Shiva*
Athato Bhakti Jigyasa Volumes 1&2 · *Shandilya*
Suno Bhai Sadho · *Kabir*
Kahe Kabir Diwana · *Kabir*
Mera Mujh Mein Kuchh Nahin · *Kabir*
Kahe Kabir Main Poora Paya · *Kabir*
Honi Hoy So Hoy · *Kabir*
Goonge Keri Sarkara · *Kabir*
Kasturi Kundal Basai · *Kabir*
Piv Piv Laagi Pyas · *Dadu*
Sabai Sayane Ek Mat · *Dadu*
Akath Kahani Prem Ki · *Farid*
Jagat Taraiya Bhor Ki · *Dayabai*
Ek Omkar Satnam · *Nanak*

Maine Ram Ratan Dhan Payo · *Meera*
Jhuk Ayi Badariya Sawan Ki · *Meera*
Kan Thore Kaankar Ghane · *Maluk Das*
Ram Duware Jo Mare · *Maluk Das*
Kano Suni So Jhooth Sab · *Dariya*
Ami Jharat Vigsat Kanwal · *Dariya*
Bin Ghan Parat Fuhar · *Sahajobai*
Ajhun Chet Ganwar · *Paltu*
Sapna Yah Sansaar · *Paltu*
Kaahe Hoat Adheer · *Paltu*
Nahin Sanjh Nahin Bhor · *Charandas*
Jas Panihar Dhare Sir Gagar · *Dharmdas*
Ka Sowai Din Rain · *Dharmdas*
Santo, Magan Bhaya Man Mera · *Rajjab*
Hari Bolo Hari Bol · *Sundardas*
Jyoti Se Jyoti Jale · *Sundardas*
Nam Sumir Man Baware · *Jagjivan*
Ari, Mein To Nam Ke Rang Chhaki · *Jagjivan*
Kahai Vajid Pukar · *Vajid*
Maro He Jogi Maro · *Gorakh*
Sahaj Yog · *Sarhapa-Tilopa*
Birhani Mandir Diyana Baar · *Yaari*
Dariya Kahai Sabad Nirbana Dariyadas Bihawale
Prem-Rang-Ras Odh Chadariya · *Doolan*
Hansa To Moti Chugai · *Lal*
Guru Partaap Saadh Ki Sangati · *Bheekha*
Man Hi Pooja Man Hi Dhoop · *Raidas*
Jharat Dashun Dis Moti · *Gulal*
Mere To Girdhar Gopal · *Meera*
Ramnam Ras Peejai · *Meera*
Guru Govind Dou Khade · *Kabir*
Hira Payo Gaanth Gathiyao · *Kabir*
Dadu Sahajai Dekhiye · *Dadu*
Ram Nam Nij Aushdhi · *Dadu*
Tera Sai Tujjh Mein · *Kabir*
Nahi Jog Nahi Jaap · *Kabir*

Other Mystics
Tao Upanishad (Volumes 1-6) · *Lao Tzu*
Samadhi Ke Sapt · *Blavatsky*
Sadhna-Sutra · *Mabel Collins*

Early Discourses and Writings
Cheti Sakai To Cheti
Chal Hansa Oos Desh
Kaha Kahun Oos Desh Ki
Panth Prem Ko Atpato
Kya Sowai Too Bawari
Maati Kahe Kumhar Soo
Amrit Kan
Agyat Ke Ayam
Bikhare Phool
Bhagwan Marg Aur Main
Ghat Bhulana Baat Binu
Jo Ghar Baare Aapna
Jeevan Kranti Ke Phool

Jeevan Kranti Ki Disha
Kranti Ki Nayi Disha, Nayi Baat
Kya Hai Marg? Gyan, Bhakti Ya Karm
Mitti Ke Diye
Naye Sanket
Na Ankhon Dekha Na Kano Suna
Prem Ke Pankh
Prem Hai Dwar Prabhu Ka
Poorv Ka Dharam: Paschim Ka Vigyan
Prem Ke Swar
Shanti Ki Khoj
Satya Ki Pahali Kiran
Samund Samana Bund Mein
Sansar Ke Kadam Parmatma Ki Aor
Saare Faasle Mit Gaye
Vyasat Jeevan Mein Ishwar Ki Khoj
Amrit Ki Disha
Aap Kahaan Hain?
Anant Jeevan Ki Aor
Aath Pahar Yon Jhumte
Amrit Dwar
Apne Maanhi Tatol
Ankhon Dekhi Sanch
Asambhav Kranti
Anand Ganga
Amrit Varsha
Chetna Ka Vigyan
Chit Chakmak Laage Nahin
Chetna Ka Surya
Dariya Dekhe Janiye
Ek Naya Dwar
Kya Ishwar Mar Gaya Hai?
Karuna Aur Kranti
Main Kaun Hoon
Mrityu Hai Dwar Amrit Ka
Nanak Dukhiya Sab Sansar
Prabhu Ki Pagdandiyan
Girah Hamara Sunn Mein
Jeevan-Ras-Ganga
Jeevan-Darshan
Jeevan-Mrutu
Jeevan-Sangeet
Jeevan Ki Khoj
Jeevan-Rahasya
Jeevan-Geet
Sukh Nahin, Anand
Shunya Ke Paar
Sangharsh
Path Ke Pradeep
Prem-Ganga
Prabhu Mandir Ke Dwar Par
Prem-Darshan
Rom-Rom Ras Peejiye
Sambhavnaon Ki Aahat
Samund Samana Bund Mein
Tyaag
Tamso Ma Jyotirgamay

Responses to Questions
Nahin Ram Bin Thanw
Prem Panth Aiso Kathin
Utsav Amar Jati, Anand Amar Gotra
Mrityorma Amritam Gamay
Pritam Chhabi Nainan Basi

Rahiman Dhaga Prem Ka
Udiyo Pankh Pasar
Sumiran Mera Hari Karain
Piy Ko Khojan Main Chali
Saheb Mil Saheb Bhaye
Jo Bolain To Hari Katha
Bahuri Na Aisa Daw
Jyun tha Tyun Thahraya
Jyun Machhali Bin Neer
Deepak Bara Naam Ka
Anhad Mein Bisram
Lagan Mahurat Jhooth Sab
Sahaj Aasiki Naahin
Peevat Ram Ras Lagi Khumari
Ram Naam Janyo Nahin
Sanch Sanch So Sanch
Apui Gayi Hiray
Bahutere Hain Ghaat
Koplen Phir Foot Aayin
Moolbhoot Manviya Adhikar
Naya Manushya: Bhavishya Ki Ekmatra Asha

Meditation and Yoga
Jin Khoja Tin Paiyan
Mein Mrutu Sikhata Hoon
Sadhna-Path
Neti-Neti
Mein Kahta Aakhan Dekhi
Dhyan-Sutra
Hasiba Kheliba Dhariba Dhyanam
Rajneesh Dhyan Yuga
Rajneesh Dhyan Darshan
Jeevan Hi Hai Prabhu
Medicine Aur Meditation
Samadhi Ke Dwar Par
Yoga: Naye Aayaam
Antaryatra
Gahare Pani Paith
Kaam, Dhyan, Adhyatma
Shunya Ki Naaw
Satya Ki Khoj
Path Ki Khoj
Shunya Ka Darshan
Shunya Samadhi
Sambodhi Ke Kshan
Dhyan: Kya, Kyan Aur Kaise

Tantra
Sambhog Se Samadhi Ki Aor
Yuvak Aur Sex
Yaun Shakti
Yaun Shakti Ka Rupantaran

Sannyas
Awadhigat Sannyas
Nav-Sannyas Kya?

National and Social Problems
Bharat Ke Jalte Prashn
Dekh Kabira Roya
Naye Samaj Ki Khoj
Kaam, Yog, Dharam Aur Gandhi

Bharat, Gandhi Aur Main
Naye Bharat Ki Aor
Naye Bharat Ki Khoj
Samajwad Se Sawdhan
Samajwad *Arthat* Atmghat

Other Subjects
Vivah Aur Parivar (marriage)
Prem Aur Vivah (marriage)
Parivar Niyojan: Ek Darshnik Chintan
 (family planning)
Jyotish: Advait Ka Viyan (astrology)
Jyotish Arthat Adhyatm (astrology)
Shiksha Mein Kranti (education)
Hansna Mana Hai (jokes)
Mulla Nasaruddin (jokes)
Kuchh Jyotirmaya Kshan (personal glimpses)

Letters
Dhai Aakhar Prem Ka
Prem Ke Phool
Pad Ghunghroo Bandh
Pathey (translated)

Kranti Beej
Tatwamasi

Compilations
Mein Swayam Ko Bhagwan Kyon Kahta Hoon
Ankur
Naivaidh

Books about Bhagwan Shree Rajneesh
Acharya Rajneesh:
 Samanvaya, Vishleshan, Sansidhi
Bhagwan Shree Rajneesh:
 Isa Ke Pashchat Sarwadhik Vidrohi Vyakti
Rajneesh Yaani Prem
Indradhanushi Smritiyon Mein
 Bhagwan Shree Rajneesh
Jaam-E-Rajneesh
Bhagwan Shree Rajneesh
Bhagwan Rajneesh Par Likhi Adbhut Kahaniyan:
 Dharti Par Bhagwan Hain Aaye
Rajneesh America Mein

WORKS TRANSLATED FROM THE ORIGINAL HINDI

MARATHI
—By Subject Matter—

Commentaries on the Mystics and their Writings

The Upanishads
Kathopanishad

Buddha
Es Dhammo Sanantano Volumes 1&2

Krishna
Geeta-Darshan Ch. 1
Geeta-Darshan Ch. 2 Part 1
Geeta-Darshan Ch. 2 Part 2
Geeta-Darshan Ch. 3
Geeta-Darshan Ch. 4
Geeta-Darhsan Ch. 18

Mahavir
Jin-Sutra

Other Mystics
Tao Upanishad · *Lao Tzu*
Jagat Tara Prabhaticha · *Dayabai*

Chitta Chatakala Sakhya Tujhi Aas · *Dadu*
Kanho Ekli Re Ekli · *Sandardas*
Man Ram Rangi Rangle · *Rajjab*
Shoonyache Bhuvani Swaroop Avinash · *Dariya*
He Chi Anushthan Nam Tujhe · *Jagjiwan*
Sannyas Yog Mokshamarg · *Gorakh*
Shevatla Dis God Vhava · *Dharmdas*
Ashtavakra Mahageeta · *Ashtavakra*
Shiv-Sutra · *Shiv*
Bhaj Govindam · *Adi Shankaracnarya*
Bhakti-Sutra Volumes 1&2 · *Narad*
Eye Bhaktichiye Vate Lag · *Shandilya*
Kasturi Kundal Basai · *Kabir*
Ala Dhyanacha Tufan · *Kabir*
Akath Kahani Prem Ki · *Farid*
Megh Vin Barse Dhar · *Sahajobai*
Bai Mee Vikat Ghetla Shyam · *Meera*

Early Discourses and Writings
Bhagwantachi Paul Wat
Responses to Questions
Mana Pali Kade

Meditation and Yoga
Antaryatra

Tantra
Sambhogatun Samadhikade

Zen, Sufi & Upanishadic Stories
Divya Khali Andhar
He Jivant Mandir Tumhala Bolavate Aahe
Upanishadachya Gavakshatun

National and Social Problems
Samajwad Pasun Savadh Raha

Education
Udhyachya Shikshan Padhhatichi
 Adharbhoot Mulya
Shikshan Kranti Hich Khari Kranti

Letters
Krantibeej

GUJRATI
—By Subject Matter—

Commentaries on the Mystics and their Writings

The Upanishads
Paramhans Vyakhyan
Isavasya Rahasya

Lao Tzu
Taonu Tatparya

Krishna
Purnaavtar Krishna
Bhagwan Shri Krishna Rahsya

Mahavir
Ahimsa Darshan
Dharma Sarva Shreshta Mangal
Akaam Panchamahavrat
Divya Lokni Chavi
Sharan Sweekarun Choon Hun Tamaroo

Astavakra
Sakshi

Buddha
Jeevant Phool

Early Discourses and Writings
Ek Taral Dharmani Nav-Avadharna
Maati Na Diwa
Hoon Kaun Choon?
Agyat Prati
Nava Sanket
Satyana Agyat Sagarnu Amantran
Surya Tarafnu Udyan
Jeevan Ane Mrutyu
Nava Manushyana Janmani Disha
Amrut-Kan
Dharm Vichar Nahin, Upchaar
Prem Parmatma Ane Pariwar
Satyam Shivam Sundaram

Sant, Ishwar Ane Anubhuti
Bandhan Ane Mukti
Hoon Jaldima Chhoon
Mrutyu Par Vijay
Jeevanna Mandirma Dwar Chhe Mrutyunu
Swanubhavani Kasautiye
Paachhala Janmanu Rahasyodghatan
Nirvan Navneet
Premni Prapti
Parmatama Kyan Chhe
Nav Manavnu Pragatya
Swarag, Narak Ane Moksha

Responses to Questions
Man Ni Par

Meditation and Yoga
Antaryatra
Sadhna Path
Dhyan
Prem
Sankalp
Teerth
Sahaj Yog
Satyani Shodh
Dhyan Shikha
Karm Ane Dhyan
Moksha
Rahasya

Tantra
Sambhogthi Samadhi Taraf
Yauwan Ane Yaun
Yuvak

Sannyas
Abhinav Sannyas
Sannyas Ane Sansar

National and Social Problems
Tarun Vidroh
Krantini Vaigyanik Prakriya
Uth Jag Juvan
Gandhivad Vaigyanik Drashtime
Dharma Ane Rajkaran
Samajwadthi Sandhan
Gandhiji Ni Ahimsa
Gandhiwadi Kyan Chhe
Gandhima Dokiyun Ane Samajwad
Vidroh Ni Aag

Other Subjects
Pariwar Niyojan (marriage)
Pariwar (family planning)
Ketlik Jyotimay Kshan (personal glimpses)
Antardrashta Acharya Rajneeshji: Jeevan Charit (personal glimpses)
Antardrashta Acharya Rajneeshji: Jeevan Prasango (personal glimpses)
Antardrashta Acharya Rajneeshji: Jeevan Gyanvani (personal glimpes)

Letters
Krantibeej
Premni Pankhen
Premna Phoolon
Tatwamasi

PUNJABI

Sadhna Path
El Omkar Satnam

URDU

Jime Se Soo-E-Fana

ENGLISH

Krishna: The Man and His Philosophy
   Volumes 1&2 · *Krisha: Meri Dristi Mein*
From Sex to Superconsciousness
   Sambhog Se Samadhi Ki Aor
In Search of the Miraculous
   Jin Khoja Tin Paiyan
And Now, and Here (Volumes 1&2)
   Mein Mrutu Sikhata Hoon
The Perfect Way · *Sadhna Path*
Dimensions Beyond the Known
   Mein Kahta Aakhan Dekhi
A Cup of Tea (letters)
The Mystic Experience by Dr. R.C. Prasas
Pointing the Way
Way of Tao Volumes 1&2
   Tao Upanishad Volumes 1&2
Wings of Love and Random Thoughts
   Prem Ke Pankh
Seeds of Revolutionary Thought · *Kranti-beej*
Lifting the Veil · *Jin Khoja Tin Paiyan*
Earthen Lamps · *Mitti Ke Diye*
Mysteries of Life and Death
The Perennial Path
The Heartbeat of the Absolute
The Eternal Quest

WELTWEITE AUSLIEFERUNG
DER WERKE VON BHAGWAN SHREE RAJNEESH

Bücher von Bhagwan Shree Rajneesh sind in vielen Sprachen überall auf der Welt erhältlich. Bhagwans Diskurse sind auf Audio- und Videobändern live festgehalten worden. Daneben gibt es viele Aufnahmen mit Rajneesh Meditation Music und mit Celebration Music, die in seiner Gegenwart gespielt wurde, sowie ausgezeichnete Photos von Bhagwan. Weitere Informationen fordern Sie bitte an bei einer der folgenden Auslieferungen:

EUROPA

Dänemark
Anwar Distribution
Carl Johansgade 8, 5
2100 Kopenhagen
Tel. 01/420218

Deutschland
Rajneesh Verlags GmbH
Venloer Straße 5-7
5000 Köln 1
Tel. 0221/57407 43

Großbritanien
Purnima Rajneesh
Publications
95A Northview Road
London N8 7LRa
Tel. 01/341 4317

Italien
Rajneesh Services
Corporation
Via XX Settembre 12
28041 Arona (NO)
Tel. 02/8392194 (Milano office)

Niederlande
Rajneesh Distributie Centrum
Cornelis Troostplein 23
1072 JJ Amsterdam
Tel. 020/5732130

Norwegen
Devananda Rajneesh
Meditation Center
P.O. Box 177 Vinderen
0386 Oslo 3
Tel. 02/123373

Schweden
Madhur Rajneesh
Meditation Center
Hag Tornsv. 30
12235 Enskede (Stockholm)
Tel. 08/394946

Schweiz
Mingus AG
Asylstrasse 11
8032 Zürich
Tel. 01/2522012

Spanien
Gulaab Rajneesh Information
and Meditation Center
"Es Serralet"
Estellens
07192 Mallorca, Baleares
Tel. 071/410470

ASIEN

Indien
Rajneeshdham
17 Koregaon Park
Poona 411001 M.S.
Tel. 0212/60963

Japan
Eer Rajneesh
Neo-Sannyas Commune
Mimura Building 6-21-34
Kikuna, Kohoku-ku
Yokohama, 222
Tel. 045/434 1981

AUSTRALIEN

Rajneesh Meditation
& Healing Center
P.O. Box 1097
160 High Street
Fremantle, WA 6160
Tel. 09/430 4047

AMERIKA

United States
Chidvilas
p.O. Box 17550
Boulder, CO 80308
Tel. 303/665/6611
Order Dept. 800/777 7743

Kontaktadresse für den
weltweiten Vertrieb:

The Rebel Publishing
House GmbH
Venloer Straße 5-7
5000 Köln 1
Tel. 0221/57407 42

VIDEO:
BHAGWANS MANIFESTO

Ein dreißigminütiges Dokumentar-Video, in dem Bhagwans Vision kurz umrissen wird, ist jetzt zu haben. Titel: „The Manifesto for a New Man and a New Humanity"; eindringlich werden hier die ungeheuren Probleme, denen sich die Menschheit und unsere Erde heute gegenübersieht, und die Unfähigkeit der religiösen und politischen Führer, damit fertigzuwerden, vor Augen geführt. Bhagwan zeigt, wie sich der Einzelne dem psychologischen Zugriff gesellschaftlicher Anpassungszwänge entziehen und für die Lebensfreude entscheiden kann, als Alternative zum weltweiten Galopp auf den Abgrund zu.

Kopien* von diesem Video sind zu beziehen bei:

Rajneesh Verlags GmbH
Venloer Straße 5-7
5000 Köln 1
Westdeutschland
Tel.0221/57 40 7-43/44/24
Fax 0221/57 40 7-49

*im Original oder auch in deutscher Synchronisation

EINLADUNG ZUR MITWIRKUNG AM BULLETIN DER WELTAKADEMIE FÜR KREATIVE WISSENSCHAFT, KUNST UND BEWUSSTSEIN

BHAGWANS VISION von einer Weltakademie für kreative Wissenschaft, Kunst und Bewußtsein ist im Begriff, Wirklichkeit zu werden. Zum Zeitpunkt der Drucklegung dieses Buches hat sich bereits eine Gruppe renommierter Wissenschaftler, Künstler und Autoren aus verschiedenen Ländern zusammengefunden, um eine erste Organisation zu bilden. Und gegen Ende 1988 wird die Akademie ein Bulletin starten, als ihre internationale Stimme mit dem Titel „The Golden Future".

Wissenschaftler und Künstler in aller Welt sind eingeladen, zu diesem Bulletin beizusteuern - sei es mit einem Überblick über neue Entdeckungen oder mit Beiträgen zur katastrophalen Entwicklung der Weltökologie - und wie ihr entgegengewirkt werden kann.

Das Ziel des Bulletins ist es, ein Forum zu bieten, wo gezeigt werden kann, daß die Verschlechterung und Vernichtung des Planeten vermeidbar ist, und daß wir, wie Bhagwan kürzlich betont hat, technologisch durchaus in der Lage sind, ein Paradies auf Erden zu schaffen - hier und jetzt.

Manuskriptbeiträge zum Bulletin und Anfragen über die Weltakademie für kreative Wissenschaft, Kunst und Bewußtsein richten Sie bitte an:

The Golden Future
The World Academy of Creative Science, Arts and Consciousness
17, Koregaon Park
Poona 411001
India
Tel: 91-212-60963

Information für Westdeutschland:

Weltakademie für Kreative Wissenschaft
Kunst & Bewußtsein
Ulrike Rosenbach, Gabriele Kurrat
Kaiser-Wilhelm-Ring 2-4
5000 Köln 1
Tel. 0221/134113

DAS ORANGENE BUCH

Die Meditationstechniken
von
Bhagwan Shree Rajneesh

„Meditation ist ein Zustand
jenseits des Denkens.
Meditation ist ein Zustand
des reinen Bewußtseins ohne Inhalt..."
Bhagwan Shree Rajneesh

MEDITATIONS-KASSETTEN

Dieses Buch ist ein Geschenk, eine Schatzgrube voller Meditationstechniken, die Bhagwan Shree Rajneesh seinen Schülern im Laufe der Jahre gegeben hat.
Mit diesen Methoden könnt ihr spielen, sie helfen Euch, eure Reise nach innen zu einem Fest zu machen. Diese Meditationen sind einzig in ihrer Originalität und Unkompliziertheit, und sie reflektieren Bhagwans Verständnis und Einsicht in die Tiefen der menschlichen Natur; sie geben uns eine Synthese zwischen der meditativen Lebensweisheit des Ostens und den psychologischen Erkenntnissen und Methoden des Westens.
Tanzt, schüttelt euch, starrt in den Spiegel, schlagt Kissen, summt, singt – alles ist gut, was euch über das Denkenn hinausbringt...

Musik-Kassetten der acht beliebtesten Meditationen von Bhagwan Shree Rajneesh

Bhagwan Shree Rajneesh

Die Zukunft gehört den Frauen
Neue Dimensionen der Frauenbefreiung

Bhagwan Shree Rajneesh ist der erste spirituelle Meister, der die jahrtausendealte Unterdrückung und Diskriminierung der Frau bis in die tiefsten Wurzeln bloßlegt und anprangert.

Vom Inhaltsverzeichnis:
- Die Angst vor Intimität
- Die Verschwörung der Männer
- Dein männliches Chauvitum ist verletzend!
- Niemand will benutzt werden
- Ohne Freiheit stirbt die Liebe
- Nur eine Sache läßt sich besitzen
- Eine Frau ist im innersten Kern ihres Seins verwundet
- Ein Sklave kann kein Freund sein
- Tantra war nie männlich-chauvinistisch
- Schwanger mit dir selbst

„Der Mann hat genug Chancen gehabt. Jetzt müssen die weiblichen Energien befreit werden."
Bhagwan Shree Rajneesh

Bhagwan Shree Rajneesh

PRIESTER UND POLITIKER
– die Mafia der Seele

Das Buch besteht aus zwei Teilen. Der erste Teil beschäftigt sich mit der Trennung von Politik und Religion, der Definition des Unterschiedes zwischen Religion und organisierter Religion, Bhagwans Einschätzung des Katholizismus und des Papsttums, mit der gegenwärtigen politischen Situation der Welt und Bhagwans Vision der Zukunft.

Der zweite Teil vertieft diese Grundaussagen durch Einzelstudien: der Chakter des Priesters, des Politikers, der Macht, wird unter die Lupe genommen – psychologische Typologien von ätzender Schärfe und zwingender Überzeugungskraft.
Das Buch schließt mit einem Plädoyer für die absolute Selbstverantwortung des einzelnen.

Rajneesh Times
INTERNATIONAL

Bleib in Kontakt mit Bhagwans jüngsten Worten und mit allem, was in seiner Mysterienschule in Poona und mit seinen Schülern auf der ganzen Welt geschieht.

„Dies ist keine gewöhnliche Zeitung"
Bhagwan Shree Rajneesh

**Infos und Abonnement ☎ (0221) 570 40 18/20
Rajneesh Times International · Deutsche Ausgabe
Venloer Str. 5 – 7 · 5000 Köln 1 · W – Germany**